Marc SAUGET

Parallélisation de problèmes d'apprentissage

Marc SAUGET

Parallélisation de problèmes d'apprentissage

par des réseaux neuronaux artificiels
Application en radiothérapie externe

Éditions universitaires européennes

Mentions légales/ Imprint (applicable pour l'Allemagne seulement/ only for Germany)
Information bibliographique publiée par la Deutsche Nationalbibliothek: La Deutsche Nationalbibliothek inscrit cette publication à la Deutsche Nationalbibliografie; des données bibliographiques détaillées sont disponibles sur internet à l'adresse http://dnb.d-nb.de.
 Toutes marques et noms de produits mentionnés dans ce livre demeurent sous la protection des marques, des marques déposées et des brevets, et sont des marques ou des marques déposées de leurs détenteurs respectifs. L'utilisation des marques, noms de produits, noms communs, noms commerciaux, descriptions de produits, etc, même sans qu'ils soient mentionnés de façon particulière dans ce livre ne signifie en aucune façon que ces noms peuvent être utilisés sans restriction à l'égard de la législation pour la protection des marques et des marques déposées et pourraient donc être utilisés par quiconque.

Photo de la couverture: www.ingimage.com

Editeur: Éditions universitaires européennes est une marque déposée de
Südwestdeutscher Verlag für Hochschulschriften Aktiengesellschaft & Co. KG
Dudweiler Landstr. 99, 66123 Sarrebruck, Allemagne
Téléphone +49 681 37 20 271-1, Fax +49 681 37 20 271-0
Email: info@editions-ue.com
Agréé: Belfort, Université de Franche-Comté, thèse de doctorat, 2007

Produit en Allemagne:
Schaltungsdienst Lange o.H.G., Berlin
Books on Demand GmbH, Norderstedt
Reha GmbH, Saarbrücken
Amazon Distribution GmbH, Leipzig
ISBN: 978-613-1-52244-4

Imprint (only for USA, GB)
Bibliographic information published by the Deutsche Nationalbibliothek: The Deutsche Nationalbibliothek lists this publication in the Deutsche Nationalbibliografie; detailed bibliographic data are available in the Internet at http://dnb.d-nb.de.
 Any brand names and product names mentioned in this book are subject to trademark, brand or patent protection and are trademarks or registered trademarks of their respective holders. The use of brand names, product names, common names, trade names, product descriptions etc. even without a particular marking in this works is in no way to be construed to mean that such names may be regarded as unrestricted in respect of trademark and brand protection legislation and could thus be used by anyone.

Cover image: www.ingimage.com

Publisher: Éditions universitaires européennes is an imprint of the publishing house
Südwestdeutscher Verlag für Hochschulschriften Aktiengesellschaft & Co. KG
Dudweiler Landstr. 99, 66123 Saarbrücken, Germany
Phone +49 681 37 20 271-1, Fax +49 681 37 20 271-0
Email: info@editions-ue.com

Printed in the U.S.A.
Printed in the U.K. by (see last page)
ISBN: 978-613-1-52244-4

Remerciements

Je voudrais tout d'abord remercier Jacques et Libor, pour avoir sû diriger mes travaux conjointement, pour m'avoir fait confiance et m'avoir soutenu tout au long de mes travaux.

Je voudrais, ensuite remercier, Sylvain, pour m'avoir permis de découvrir le monde des réseaux de neurones, pour tes conseils, ton aide et aussi ta patience lors des différentes phases de rédaction.

Je tiens également à remercier Frédéric Alexandre et Didier Puzenat pour m'avoir fait l'honneur d'être mes rapporteurs pour ma thèse et aussi Jean-Louis Decossas pour avoir accepté d'être président de mon jury de thèse.

Je souhaite aussi remercier Abdallah, pour avoir réussi à être mon colocataire de bureau durant tout ce temps.

Un grand merci à Kamel, Philippe, Flavien, Hussam, Jean-Claude, Mirna, Raphaël, Jean-Luc, Michel, David, Arnaud, Stéphane, Ahmed et Pierre-Alain pour avoir fait de l'équipe AND un endroit où la bonne ambiance est toujours présente.

Merci à Aurélien, Hélène, Régine et Éric pour avoir eu la patience de m'(re-)expliquer les notions de physiques utiles à ces travaux et aussi pour m'avoir accompagné dans l'utilisation des logiciels de simulation physique.

Je tiens aussi à te remercier, toi, Marielle, pour m'avoir soutenu et accompagné durant ces trois années. Merci aussi pour m'avoir supporté et enfin pour le temps que tu as consacré aux différentes étapes de ma rédaction.

Je souhaite aussi remercier toute ma famille pour m'avoir accompagné durant toute cette période.

Enfin, je souhaite remercier ceux sans qui tout travail de recherche est impossible, les organismes financeurs que sont : la Ligue contre le Cancer, La Communauté d'Agglomération du Pays de Montbéliard, la région de Franche-Comte ainsi que le Canceropôle Grand Est.

Encore une fois, à tous, un grand merci.

Table des matières

Table des figures

Liste des algorithmes

Liste des tableaux

Introduction

Dans le cadre de la radiothérapie externe, un des problèmes majeurs est la mise au point du plan de traitement. Cette étape consiste à définir de manière optimale l'ensemble des irradiations qu'il va falloir appliquer au patient dans le but de détruire complètement sa tumeur, constituée de cellules cancéreuses. Il faut donc calculer le nombre d'irradiations ainsi que leur orientation, leur puissance et leur forme. Dans ce contexte, il existe une contrainte forte qui est de préserver les zones saines autour de la tumeur cancéreuse. Ce qui revient à minimiser la dose d'irradiation dans ces zones tout en maximisant la dose dans les cellules à détruire.

La technique actuelle pour réaliser les planifications de traitement fait appel à des suites logicielles (TPS[1]). Ces suites ont pour principal intérêt de fournir aux radiothérapeutes une solution dans des temps acceptables pour être utilisée en routine clinique. Le problème est que pour obtenir ces résultats dans les temps impartis, ces logiciels ont optimisé la vitesse au détriment de la précision. De ce fait, plusieurs cas particuliers, comme il est montré dans ce document, peuvent apporter des imprécisions sur les résultats obtenus. Le domaine applicatif étant médical, ces imprécisions peuvent avoir de graves conséquences (récidives et cancers secondaires).

Parallèlement aux solutions utilisées dans les TPS, il existe d'autres méthodes permettant de connaître de manière très précise le résultat d'une irradiation. Ces solutions, faisant appel aux techniques de Monte Carlo, demandent tant de temps de calcul pour obtenir des résultats suffisamment précis qu'il est impossible actuellement de les utiliser en routine clinique.

Notre objectif est de mettre au point une méthode informatique permettant de calculer une planification de traitement optimale ou proche de l'optimal, et ce, en un temps suffisamment raisonnable pour être exploitable dans un milieu hospitalier.

Pour résoudre ce problème, nous proposons l'utilisation d'une méthode inverse en calculant dans un premier temps, l'ensemble optimal des irradiations nécessaires au traitement, puis ensuite, en déduisant pour chaque irradiation les réglages d'accélérateur qui sont nécessaires. Ainsi, pour pouvoir remonter dans le processus, il est d'abord nécessaire de pouvoir déduire la dose déposée dans un milieu donné à partir d'une configuration

---

1. Treatment Planning System

1

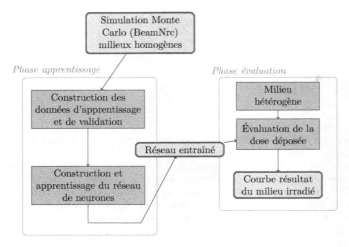

FIGURE 1 – Utilisation des réseaux de neurones pour la dosimétrie

spécifique d'accélérateur. La complexité du problème est considérablement augmentée par le fait que le milieu irradié est souvent hétérogène, ce qui modifie le comportement du dépôt de doses dans le milieu.

Pour pouvoir réaliser ces calculs, il est nécessaire de se baser soit sur des résultats expérimentaux, soit sur les calculs statistiques de type Monte Carlo. Les expérimentations étant lourdes et longues, si ce n'est parfois impossibles à mettre en œuvre, il est nettement préférable d'utiliser les codes de Monte Carlo qui sont actuellement considérés comme la référence lors de l'étude d'irradiations. Cependant, ils nécessitent des temps de calcul très longs.

Ainsi, pour contourner ce problème, nous proposons d'utiliser les réseaux neuronaux pour évaluer les doses d'irradiations dans une configuration donnée à partir de quelques valeurs connues (calculées par la méthode de Monte Carlo). Pour réaliser une telle interpolation non-linéaire, un réseau de neurones multicouches est nécessaire.

Comme l'illustre la figure 1, le but de notre travail consiste donc :

– à construire un algorithme d'apprentissage de réseaux de neurones précis et efficace dans le contexte de la radiothérapie externe.
– à développer des algorithmes d'évaluation de doses permettant la prise en charge des milieux hétérogènes.

En ce qui concerne le premier point de notre stratégie, nous proposons sa réalisation en deux étapes. La première étape porte sur la mise au point d'un algorithme d'apprentissage adapté à nos conditions applicatives. La seconde partie du travail porte, quant à elle, sur les réseaux de neurones et consiste en la réalisation de la parallélisation du précédent algorithme afin de supporter le passage à l'échelle, c'est à dire la conception de réseaux de neurones supportant l'ensemble des paramètres utilisés pour la configuration.

Pour le second point de nos travaux, nous avons travaillé à mettre au point des algorithmes en reproduisant le phénomène physique observé dans les différentes conditions pouvant être rencontrées lors de l'irradiation d'un milieu. Ces algorithmes ont été construits en respectant les principes physiques régissant le dépôt de dose mais, sans avoir recours à des techniques coûteuses tentant de reproduire le comportement physique par le calcul analytique.

Plan du document

Ce document est composé de deux parties, la première présente un état de l'art des techniques utilisées en radiothérapie et des réseaux de neurones. Dans la seconde partie, nous présentons notre contribution concernant la mise en place d'un nouvel algorithme d'apprentissage pour les réseaux neuronaux ainsi que la conception de l'algorithme d'évaluation des dépôts de doses dans des milieux quelconques.

Ce mémoire débute donc par la présentation, dans le chapitre 1, de la radiothérapie externe. Pour cela, nous décrivons dans un premier temps les notions de physique directement liées à ce domaine. Ensuite, nous présentons les principaux outils permettant d'estimer le dépôt de dose dans un environnement soumis à une irradiation ainsi que les critères de qualité le régissant.

Le chapitre 2 de ce mémoire permet une description générale des réseaux de neurones informatiques. L'objectif de ce chapitre est de détailler l'ensemble de techniques qui nous ont été utiles pour construire notre nouvel algorithme d'apprentissage incrémental. Il décrit donc les réseaux de neurones de type perceptron multicouches ainsi que les différentes optimisations qui lui ont été apportées.

La seconde partie de nos travaux, débutant par le chapitre 3, décrit les algorithmes que nous avons mis au point pour l'apprentissage des réseaux de neurones. La première partie de ce chapitre détaille la construction de l'algorithme d'apprentissage puis présente les techniques qui ont été mises en place pour le déployer sur une grappe de calcul. Dans le chapitre 4, nous détaillons les résultats de nos recherches sur les algorithmes d'évaluation de doses. Ce chapitre débute par une présentation du phénomène physique apparaissant dans le contexte des milieux hétérogènes et présente ensuite les différents algorithmes que nous avons mis en place pour les reproduire.

Dans le chapitre 5, nous décrivons les principaux résultats que nous avons obtenus suite à nos travaux. Les premiers tests permettent de montrer les avantages de notre algorithme d'apprentissage par rapport à l'existant tandis que les suivants détaillent les influences des différents paramètres liés à la parallélisation. La fin de ce chapitre présente les résultats de nos algorithmes d'évaluation de dépôts de doses dans différents milieux, homogènes comme hétérogènes.

Finalement, nous dressons une conclusion et nous présentons différentes perspectives liées aux travaux présentés dans ce manuscrit.

Première partie

État de l'art

Chapitre 1

La radiotherapie externe

FIGURE 1.1 – Accélérateur linéaire de particules, SIEMENS PRIMUS

La radiothérapie externe représente l'une des utilisations thérapeutiques des rayonnements ionisants. Ses origines remontent au début du siècle, après la découverte des rayons X par W. Röntgen (1895), de la radioactivité par H. Becquerel (1896) et du radium 226 par P. et M. Curie (1898). Plus de la moitié des cas de cancers nouvellement diagnostiqués sont traités par cette technique et presque 50 % des guérisons le doivent en partie ou en totalité à la radiothérapie. La radiothérapie est principalement utilisée en cancérologie, pour traiter en combinaison ou non avec la chirurgie et/ou la chimiothérapie, la tumeur primitive, les adénopathies satellites et souvent certaines métastases (osseuses et cérébrales surtout). La radiothérapie moderne s'est développée à partir de 1950 avec l'avènement des appareils de haute énergie (télécobalts, accélérateurs linéaires) et le remplacement du radium 226 par des radio-éléments artificiels (iridium 192 et césium 137). La radiothérapie du cancer s'accompagne souvent d'effets indésirables. Certains de ces effets sont inévitables et disparaissent souvent spontanément ou avec un traitement. Des effets secondaires peuvent survenir en raison de la réaction des tissus normaux sensibles situés à proximité de la zone traitée ou, plus rarement, en raison d'une sensibilité individuelle particulièrement élevée aux rayonnements ionisants.

L'état de l'art détaillé dans cette section ne présente que les points essentiels à une bonne compréhension du travail effectué. De nombreux travaux donnent une information plus exhaustive des techniques de dosimétrie et de planification de traitement, il est possible par exemple, de se référer aux travaux de Anders Ahnesjo et al [3] ou encore de Frelin Anne-Marie [4].

Les traitements radiothérapeutiques ont pour but d'irradier les cellules tumorales afin de les empêcher de se reproduire ou afin de les détruire. L'objectif est de déterminer quel est le meilleur régime de traitement pour obtenir les effets désirés, c'est à dire la destruction des cellules tumorales tout en limitant au maximum les effets secondaires liés au traitement (protection des cellules saines périphériques à la tumeur).

L'application de l'irradiation, en règle générale, peut se faire de plusieurs manières telles que :
  – la téléradiothérapie ou radiothérapie transcutanée ou radiothérapie externe qui utilise des faisceaux de radiations pénétrant les tissus à travers la peau. C'est cette méthode qui est utilisée dans le cadre de cette étude,
  – la curiethérapie, qui consiste à implanter des sources radioactives scellées dans la tumeur (endocuriethérapie ou curiethérapie interstitielle), ou à son contact, dans une cavité naturelle (plésiocuriethérapie ou curiethérapie endocavitaire), ou encore dans un conduit naturel (curiethérapie endoluminale),
  – la radiothérapie métabolique, qui utilise des radioéléments administrés sous forme liquide.
Dans le cadre de la radiothérapie externe, les irradiations sont produites par un accélérateur linéaire (voir les figures 1.1 et 1.2). Les radiations, en fonction de leur type, peuvent être directement ou indirectement ionisantes. Dans les deux cas, le principe visé est la destruction de la cellule cancéreuse.

1.1   Dépôt d'énergie, la dose

L'effet d'un traitement par le biais de rayons ionisants est mesuré en fonction de la dose absorbée par le milieu traité. La dose absorbée correspond à l'énergie moyenne déposée par les particules ionisantes par unité de masse :

$$D = \frac{d\overline{E_{ab}}}{dm} \quad \text{Unité : Gray}(Gy = J/kg) \tag{1.1}$$

L'intérêt pratique d'utiliser la dose absorbée comme unité de mesure pour l'évaluation d'un traitement est qu'il s'agit d'une mesure purement physique et donc, mesurable à l'aide d'un dosimètre.

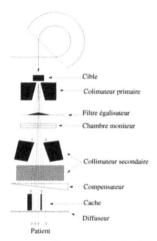

Cible : Zone de production des rayons X.

Collimateur primaire/secondaire : Accessoire de la tête qui détermine la taille du champ.

Chambre moniteur : Unité de mesure du flux.

Filtre égalisateur : Filtre permettant d'égaliser le faisceau sur la grandeur du champ.

Compensateur : Accessoire permettant de moduler l'intensité du faisceau.

Cache : Accessoire de plomb permettant de protéger certaines zones du patient.

FIGURE 1.2 – Accélérateur linéaire de particules

Dans le contexte d'un photon arrivant à un point donné avec une certaine énergie, une partie de l'énergie du photon incident est transmise aux électrons du milieu. Cet électron est mis en mouvement et diffuse ensuite son énergie lors de son parcours du milieu. La distance parcourue par cet électron dépend de son énergie initiale et de la composition du milieu. La dose absorbée est directement liée à cette énergie transmise localement par l'électron. Ce dernier peut aussi perdre son énergie par le rayonnement de freinage. Dans ce cas, l'énergie perdue par l'électron ne participe pas à l'énergie absorbée. Le rayonnement de freinage est composée de photons qui interagiront ailleurs dans le milieu. Cela implique que l'énergie transférée à un endroit dans le milieu est absorbée ailleurs.

La figure 1.3 présente une série de rendements en profondeur dans un milieu homogène composé soit d'eau, d'os ou de TA6V4 (matière entrant dans la composition de certaines prothèses de hanche). On peut constater que la forme globale est similaire pour les différents milieux et que seule la phase de décroissance de la courbe diffère. La première phase d'une courbe de rendement en profondeur est la phase de recouvrement électronique. Cette phase dure jusqu'à ce que l'équilibre électronique soit fait, ce qui correspond au point maximum de la courbe de rendement.

Lors d'un traitement en photons, la valeur de dose en un point donné dépend :

– des photons primaires provenant directement de la cible de la machine
– des photons diffusés provenant de la tête de la machine
– des photons diffusés par le patient
– de la contamination en électrons qui proviennent de la tête de l'accélérateur linéaire.

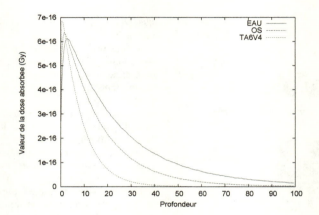

FIGURE 1.3 – Rendements en profondeur

Cela implique que le rendement en profondeur varie en fonction :
– des tissus composant le milieu parcouru
– de la distance source-peau
– du spectre en énergie initiale
– de la taille du champ
– de la profondeur

1.2   Critères de qualité en radiothérapie

L'objectif de la radiothérapie est depuis toujours de délivrer la valeur de dose prescrite dans la tumeur et le minimum de dose dans les zones connexes. L'évaluation de la qualité du plan de traitement peut se faire de plusieurs manières en fonction du type de représentation utilisé.

Le premier moyen utilisé pour représenter une distribution de doses est l'utilisation d'une représentation plane des courbes isodoses. Une courbe isodose, illustrée dans la figure 1.4, représente un ensemble de points du milieu irradié où la valeur de la dose déposée présente la même valeur. Ce moyen de contrôle peut se faire rapidement de manière visuelle, coupe par coupe. Mais il a comme désavantage de rendre la comparaison fine entre plusieurs plans de traitement difficile et imprécise. Pour permettre une meilleure visualisation et étude de ces rendements, une autre quantification de la dose déposée est mise en place sous forme d'histogramme dose-volume[1]. Cette représentation, où les volumes sont schématisés en fonction de leurs caractéristiques, tel qu'il est montré dans la figure 1.5, permet de connaître le détail sur les doses déposées dans chaque volume

---

1. HDV ou DVH

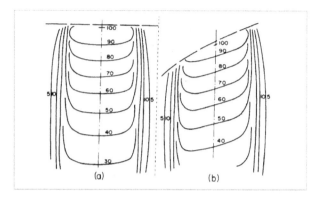

FIGURE 1.4 – Courbe isodose pour une irradiation à incidence normale (a) et oblique (b)

d'intérêt. Cette quantification est évaluée en effectuant le rapport entre le volume tumoral et le volume délimité par une isodose. Cette modélisation de la répartition des doses est interprétable plus facilement et permet une meilleure comparaison entre les différents choix de traitement disponibles. L'ensemble de ces comparaisons repose sur l'analyse des rapports entre les différents paramètres caractérisant le traitement. Plusieurs index, étudiés dans les travaux de L. Feuvret et al[18], sont mis en place en utilisant le contexte de rapport entre la dose et le volume. Mais, même si cette technique permet de délimiter certains organes à risques, elle présente malgré tout l'inconvénient de ne pas permettre la modélisation de certains organes dû à la difficulté de leur modélisation (cerveau, tube digestif,...).

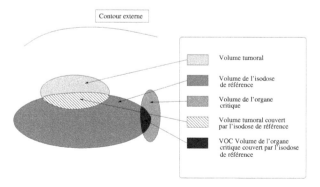

FIGURE 1.5 – Schématisation des volumes d'intérêt

1.3   Dosimétrie et planification de traitement

L'utilisation de la radiothérapie comme moyen de traitement est arrivée dans les cliniques sans que les radiophysiciens possèdent des moyens puissants de calcul. De ce fait, les premiers plans de traitement[2] ont été réalisés à l'aide de solutions reposant sur des méthodes empiriques en utilisant une description limitée de l'anatomie du patient.

De grandes innovations ont ensuite permis d'affiner les techniques de réalisation des TPS. La description anatomique des patients a été développée grâce à l'apparition de nouveaux outils pour l'imagerie médicale, tels les scanners CT[3] au début des années 1970 , et plus récemment, la MRI[4], et les scanners SPECT et PET[5].

D'autre part, l'augmentation des puissances de calcul des ordinateurs a permis de développer les planifications de traitement calculées numériquement à partir des années 1970, limitées à des géométries simples sans prise en compte des hétérogénéités. Par la suite, des améliorations ont été apportées comme le calcul des zones d'hétérogénéités en 1983, en utilisant une discrétisation fine. Parallèlement, ces innovations techniques ont permis un affinement des techniques de simulation.

1.3.1   La Radiothérapie Conformationnelle

La radiothérapie conformationnelle a pour objectif de rechercher la meilleure adaptation de la forme d'une enveloppe isodose de valeur élevée à la forme exacte du volume cible. En utilisant des caches, il est possible d'utiliser des faisceaux ayant une forme correspondant à la tumeur. Même s'il reste encore quelques centres en activité utilisant des caches amovibles de plomb qu'il faut façonner à la main, les appareils de radiothérapie moderne utilisent des appareils possédant des caches multilames pilotés par un ordinateur conformément à la description de la tumeur.

1.3.2   La Radiothérapie Conformationnelle avec Modulation d'Intensité

Bien que notre étude porte sur la radiothérapie conformationnelle, il est important de présenter la radiothérapie conformationnelle avec modulation d'intensité[6] qui peut être considérée comme l'étape suivante. Toute la différence entre ces deux méthodes porte sur l'intensité des faisceaux d'irradiation. Alors qu'en radiothérapie conformationnelle, la fluence[7] est identique sur l'ensemble du faisceau, la RCMI utilise des faisceaux de fluence

---

2. TPS
3. Computer assisted Tomography
4. Nuclear magnetic resonance Imaging
5. Single photon and positron emission tomography
6. Communément appelée RCMI
7. La fluence (notée ϕ) est le rapport de dN par da où dN est le nombre de particules incidentes traversant une sphère de section principale da $\phi = \frac{dN}{da}$ (unité le m^{-2})

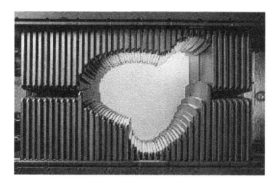

FIGURE 1.6 – Le collimateur multilame, MillenniumMLC-120, VARIAN

non-homogène. L'émission d'un tel faisceau irradiant est possible par la mise au point des collimateurs multilames (illustré à la figure 1.6).

L'avantage d'utiliser ces faisceaux à fluence modulée est de permettre de traiter les tumeurs à contour irrégulier avec un plus grand degré de conformation, ce qui offre la possibilité de réaliser des planifications de traitement avec une meilleure précision. L'apport de ces nouveaux degrés de liberté dans le choix du type de formes des faisceaux a rendu les procédés classiques de planification de traitement inopérants, c'est pourquoi la dosimétrie inverse a été mise en place.

La dosimétrie inverse

La dosimétrie inverse est une procédure de dosimétrie prévisionnelle dont le point de départ est fondé sur des objectifs cliniques imposés par le radiothérapeute. Suite à l'établissement d'une description fine de l'anatomie du patient, il est possible de déterminer avec précision les volumes à irradier et ceux à protéger. Ensuite, il est possible, à l'aide de routines informatiques, de tester différentes configurations d'irradiation pour obtenir les conditions voulues. Cette phase de la préparation du traitement est la phase d'optimisation. Cette méthodologie permet de calculer les paramètres de l'irradiation nécessaires pour parvenir aux objectifs fixés préalablement, d'où son appellation de dosimétrie inverse [8]. En effet, pour la dosimétrie classique, la valeur de la dose dans la zone tumorale correspond à l'objectif final de la conception du plan de traitement, et non pas au point de départ comme pour la dosimétrie inverse.

1.3.3 La planification de traitement

La planification de traitement par radiothérapie externe commence par la représentation complète de la tumeur cancéreuse dans son environnement proche. La mise au point du plan de traitement consiste à choisir le meilleur positionnement du ou des irradiation(s) en vue de maximiser la dose reçue par la tumeur cancéreuse (voir l'illustration de la figure 1.7) et de minimiser l'impact de cette irradiation dans les zones entourant la tumeur.

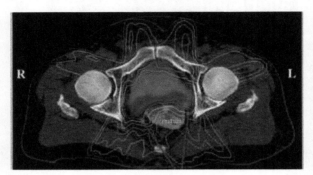

FIGURE 1.7 – Coupe représentant une planification de traitement pour un cancer de la prostate

Une étape majeure dans la planification de traitement est la détermination de l'intensité et du temps d'irradiation nécessaires à l'application de la dose donnée par le médecin. Cette étape est très importante sachant qu'une sur-irradiation peut être la cause de cancers secondaires dans les tissus sains dans les tissus sains, et qu'une sous-irradiation risque de ne pas détruire entièrement la tumeur. La complexité dans le calcul du dépôt de dose est augmentée par le fait que le corps humain est un environnement hétérogène. De plus, comme il a été montré par J. J. DeMarco dans [27], les moyens existants d'évaluation de la dose ne sont pas exempts d'erreurs dans les milieux classiques (se référer aux travaux de R. Mohan [38]) et peuvent même être erronés dans certains cas exceptionnels comme indiqué, par exemple, dans les travaux de E. Buffard [9] lors d'une étude sur les effets des implants artificiels lors d'une irradiation médicale. C'est pourquoi, étant donnée la position centrale des planificateurs de traitement dans la chaîne dosimétrique (illustrée par le schéma 1.8 issu des travaux de J.C Rosenwald [41]), il est important de faire une analyse critique des résultats donnés par les systèmes de planification de traitement.

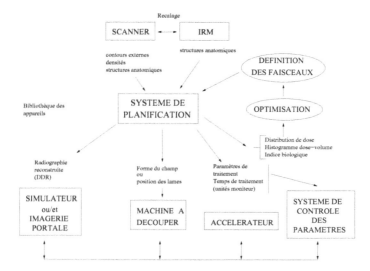

FIGURE 1.8 – Position des systèmes de planification de traitement dans l'environnement dosimétrique

1.4   Code de calcul

Comme nous l'avons mentionné précédemment, l'évaluation du résultat d'une irradiation est une étape cruciale lors de la réalisation de la planification de traitement. Trois grandes familles de méthodes sont disponibles pour calculer le résultat d'une irradiation :

- les méthodes empiriques,
- les méthodes analytiques,
- les méthodes statistiques faisant appel aux techniques de Monte Carlo.

Il est aujourd'hui convenu que les solutions ne faisant appel qu'à des techniques traditionnelles, c'est à dire les techniques ne reposant que sur les méthodes empiriques et analytiques ne font pas toujours preuve d'une grande précision lors de présence d'hétérogénéités. Par exemple, R. Mohan [38] montre qu'il peut y avoir des erreurs jusqu'à 150 % dans le cas de l'irradiation d'un fantôme[8] de liège placé dans de l'air par un faisceau de 15-MV de dimension 4×4 cm ; ceci en comparant les résultats donnés par les méthodes traditionnelles et ceux donnés par des méthodes de Monte Carlo. Les limitations des méthodes conventionnelles doivent donc être comblées en utilisant les méthodes de Monte Carlo.

---

8. En radiothérapie, un fantôme est un objet qui a des propriétés de géométrie et de composition connue et qui est donc utilisé pour réaliser des tests d'irradiation

Cependant, en parallèle de leur très grande précision, les méthodes de Monte Carlo ne sont pas toujours utilisables pour la réalisation d'un plan de traitement en raison du temps de calcul, de l'ordre de la journée, nécessaire pour produire un résultat avec une précision suffisante. De ce fait, leur utilisation a longtemps été limitée au domaine de la recherche, à un rôle de contrôle ou de validation.

Aujourd'hui, les méthodes de Monte Carlo commencent à être intégrées au sein des solutions de planification de traitement. Le tableau de N. Reynaert [39] (voir le tableau 1.1) détaille pour les différents constructeurs, le type d'algorithme faisant appel à Monte Carlo, et présente aussi les capacités d'optimisation mises en place. Les techniques de Monte Carlo sont détaillées pour chaque traitement possible, que ce soit un traitement à base de photons (γ) ou à base d'électrons (ϵ^-). Des travaux de recherche (Projet Maestro [33]) portent sur une utilisation complète de ces méthodes en les déployant sur des grappes de calcul.

Les techniques de Monte Carlo sont utilisées pour la réalisation de deux catégories de codes de calcul pour la radiothérapie externe. Ces moteurs sont classés en fonction de leur objectif, des moteurs de recherche ou des moteurs spécifiquement établis à la réalisation de logiciel de planification de traitement.

Les moteurs spécifiques à la recherche sont pour la plupart gratuitement utilisables pour des applications de recherche ou d'enseignement et offrent la particularité de posséder de grandes capacités dans la description de la géométrie ainsi que dans la simulation du transport des radiations. Ces codes ont par contre l'inconvénient d'être relativement lents et d'être plutôt d'un usage difficile.

Parmi les principaux moteurs spécifiques à la recherche, on peut citer :

- GEANT4 [26]
- EGSnrc [7], EGS, EGS4 [35]
- MCNP [13]
- PENELOPE [15]

Les principaux moteurs pour les usages commerciaux ont comme principales caractéristiques d'être beaucoup plus rapides. Mais, pour bénéficier de cette caractéristique, ces moteurs ont dû se résoudre à beaucoup de compromis, et de ce fait, se sont spécialisés exclusivement dans l'évaluation du dépôt de doses dans des situations caractéristiques. Ces compromis portent généralement sur la qualité finale du rendu. La précision atteignable est moins élevée que pour les moteurs de recherche, ceci est dû à une limitation dans le nombre de suivis de particules ou dans la réduction de la variance. De même, un autre compromis permettant d'augmenter la vitesse d'exécution concerne le choix du type de particules suivies, en ne permettant la simulation que du calcul des électrons, ces moteurs privilégient les particules déposant leur énergie le plus localement possible.

Parmi ces moteurs de calcul spécialement développés pour les systèmes de planification de traitement, on peut citer :

- XVMC (CMS,Elekta,Brainlab)
- Peregrine [14] (North American Scientific)
- VMC++ [29] (Nucletron, Varian)
- MMC (Varian)

Constructeur	Produit	Parution	Version	MC γ	MC ϵ^-	Optimisation inverse
Brainlan	iPLan RT Dose	Automne 2006	4.0	XVMC	XVMC	Oui
CMS	XiO	Juin 2005	4.3.0	XVMC	XVMC	Oui
	Monaco	Juin 2005	4.3.0	XVMC	---	Hyperion
Elekta	Elekta-Plan	2005	1.1	XVMC	---	
		2006	1.2	XVMC	XVMC	
		2007	1.3	XVMC	XVMC	Hyperion
Nucletron	DCM	Mars 2002	2.0		VMC++	
	OTP	2003			VMC++	
	OTP	2005	1.4	VMC++	VMC++	Optim. pour ϵ^-
	PLATO	---	---	---	---	---
	TMS	---	---	---	---	---
Philips	Pinacle	---	---	---	---	---
Varian	Cadplan	---	---	---	---	---
	Eclipse	été 2004	7.2.X	(1)	Macro-MC	---
Siemens	Konrad	Juillet 2003	v2.1	---	---	---
Dosisoft	Isogray	Juin 2005	---	---	PENELOPE	---
North American Scientific	Corvus, Peacok	2004	Peregrine	---	---	Oui

(1) Convolution / Superposition

TABLE 1.1 – TPS commerciaux mettant en œuvre les méthodes de Monte Carlo

Les techniques de Monte Carlo sont donc la référence pour le calcul dosimétrique. Cependant, le temps de calcul nécessaire à leur mise en œuvre empêche leur utilisation en tant que méthode principale pour la mise au point des planifications de traitements sans utilisation de grappe de calcul de taille conséquente ou sans réaliser des compromis importants sur la précision des résultats obtenus. Notre proposition est d'utiliser les méthodes de Monte Carlo classiques pour construire une référence de courbes de rendement, qui est ensuite utilisée pour construire un interpolateur de fonctions basé sur des réseaux de neurones. Cet outil couplé à des algorithmes spécifiques permettra de reconstruire rapidement et avec une bonne précision des courbes de rendement dans tout milieu, homogène ou hétérogène.

Chapitre 2

Les réseaux de neurones

Les réseaux de neurones informatiques sont basés sur une modélisation des neurones biologiques [36]. Le but initial de cette modélisation est de reproduire les capacités du cerveau humain à interpoler ou à classifier des informations. Les principales voies de recherche des réseaux de neurones sont donc la classification ou l'interpolation : deux points très importants pour la modélisation de systèmes complexes dont le comportement ne peut être défini de manière mathématique. Le neurone et plus particulièrement le réseau de neurones sont aujourd'hui considérés comme des simples outils informatiques. L'état de l'art présenté dans ce manuscrit est un inventaire non-exaustif de l'ensemble des solutions possibles. Pour consulter une étude plus complète, se référer, par exemple, au travaux de Sylvain Tertois [45].

2.1 Le neurone

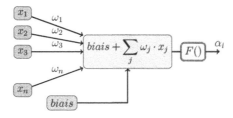

FIGURE 2.1 – Le neurone formel

Élement de base d'un réseau de neurones, le neurone est composé d'une série d'entrées et d'une sortie. Toutes les entrées (x_j) sont pondérées de manière indépendante (ω_{ij}) avant que leur somme, ainsi qu'une valeur de seuillage (θ_i) soient utilisées pour calculer la valeur de sortie par le biais de la fonction d'activation (F). La formulation de la sortie est donnée par :

$$a_i = F \left(\sum_{j=1}^{N} \omega_{ij} x_j - \theta_i \right) \tag{2.1}$$

Il existe plusieurs types de fonctions d'activations possibles. La figure 2.2 présente les fonctions donnant généralement les meilleurs résultats possibles. Il est toutefois possible, dans certains cas particuliers, d'utiliser des fonctions plus spécifiques, liées à leur contexte d'utilisation afin d'obtenir de meilleures performances. Le choix de celle-ci se fait en fonction de la position du neurone dans le réseau et aussi en fonction du domaine d'application du réseau de neurones.

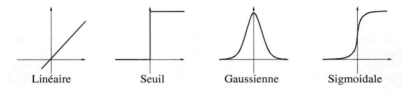

Linéaire   Seuil   Gaussienne   Sigmoidale

FIGURE 2.2 – Les fonctions d'activation usuelles

2.2 Les différents types de réseaux neuronaux

Les réseaux de neurones artificiels tentent de reproduire les mêmes comportements que leurs modèles biologiques. La complexité d'un cerveau humain ne peut pas être reproduite, mais des approximations permettent d'obtenir des résultats utiles pour un grand nombre d'applications comme la reconnaissance de formes ou de données, la prise de décision, les mémoires associatives ou encore l'interpolation de fonctions. C'est l'interconnexion de différents types de neurones qui permet, entre autres, de spécifier le domaine d'application du réseau. Les réseaux de neurones sont classifiés selon leur architecture en deux grands types :

- Les réseaux récurrents qui ont la particularité d'avoir un graphe de connexion avec boucle (réseau de Hopfield, réseau de Elman).
- Les réseaux à propagation (*"feed-forward"*), n'ayant pas de boucle dans leur graphe de connexion (Perceptron, réseau linéaire, perceptron multicouches).

Le comportement du réseau de neurones souhaité dans cette étude est l'interpolation de fonctions. Seule la branche "feed-forward" de ce domaine de recherche sera considérée dans la suite de ce manuscrit.

Interpolateur universel Les capacités d'interpolation pour les réseaux de neurones ont été établies dès 1943 par McCulloch et Pitts [34] pour les fonctions booléennes. Ce premier résultat montre qu'un réseau de neurones discret sans contrainte de topologie peut représenter n'importe quelle fonction booléenne. Un nouvel algorithme d'apprentissage des réseaux de neurones est mis au point en 1986 par Rumelhart, Hinton et Williams. Cet algorithme, nommé rétropropagation du gradient [42, 31], permet l'optimisation d'un réseau de neurones à plusieurs couches. Ce nouveau résultat favorise une relance de la recherche sur les réseaux de neurones et, en 1989, les travaux de Cybenko [11] et K. Hornik [24] montrent qu'un réseau de neurones utilisant une architecture de type perceptron multicouches peut être un interpolateur universel pour toutes fonctions bornées et continues dans $\mathbb{R}$. Mais, en contrepartie, il n'existe aucun résultat permettant de connaître au préalable la topologie la plus efficace pour un problème donné. De plus, pour obtenir un réseau de neurones permettant une bonne précision pour des fonctions complexes, il est nécessaire de multiplier le nombre de neurones composant le réseau.

2.3 Les différentes topologies de réseaux

2.3.1 Le perceptron multicouches

Présenté une première fois par Y. Le Cun [10], le perceptron multicouches est une topologie de réseau de neurones de type feed-forward. Ce type de réseau est présenté à la figure 2.3. Il est constitué d'une couche d'entrées, d'un nombre quelconque de couches cachées (nul compris) et d'une couche de sorties. La première couche est reliée aux entrées puis chaque couche est reliée à la précédente. Les résultats du perceptron sont disponibles en sortie de la dernière couche du réseau.

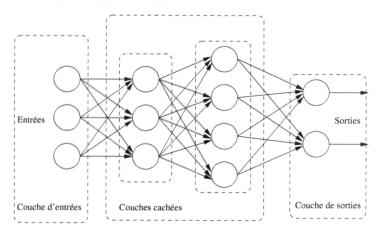

FIGURE 2.3 – Le perceptron multicouches

2.3.2 Les réseaux du second ordre

Les réseaux de neurones du second ordre permettent une amélioration des performances du perceptron multicouches en évitant un nombre trop important de neurones sur les couches cachées du réseau. Cet ajout de performance est réalisé en multipliant les entrées du réseau de neurones de manière artificielle, cela en utilisant des combinaisons des entrées initiales.

SQUARE-MLP

Cette première évolution du perceptron multicouches a été présentée par Gary William Flake [19] et consiste à modifier le vecteur d'entrées du perceptron. À partir d'un vecteur de type $(x_i, \ldots, x_n)$, on utilise comme entrée du perceptron le vecteur suivant : $(x_i, \ldots, x_n, x_i^2, \ldots, x_n^2)$. De par cette construction, le réseau améliore sa capacité à interpoler avec un plus petit nombre de neurones sur sa couche cachée.

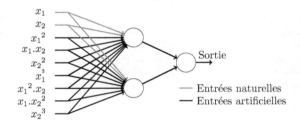

FIGURE 2.4 – Réseau HPU d'ordre 3 pour deux entrées initiales

HPU

Les réseaux de neurones de type HPU (Higher-order Processing Unit, [21]) utilisent une autre méthode de combinaison de leurs entrées initiales. Ces nouvelles entrées sont obtenues en effectuant des combinaisons polynomiales des entrées initiales $x_i, i \in \{1, \ldots, n\}$ jusqu'au degré maximum (en référence à l'ordre du réseau HPU). Par exemple, la liste des entrées d'un réseau de neurones de ce type, à l'ordre trois, pour un réseau ayant initialement deux entrées est $(x_1, x_2, x_1^2, x_1 x_2, x_2^2, x_1^3, x_1^2 x_2, x_1 x_2^2, x_2^3)$ comme indiqué à la figure 2.4.

Un autre intérêt de ces deux optimisations est leur rapidité de mise en œuvre. Puisque ces optimisations ne portent que sur le nombre d'entrées du réseau, il est possible d'utiliser les mêmes algorithmes d'apprentissage que pour le perceptron multicouches classique.

2.4   Les algorithmes d'apprentissage

Les algorithmes d'apprentissage des réseaux de neurones, tout comme la description de leur topologie, peuvent être classés en deux grandes familles : les algorithmes non-supervisés et les algorithmes supervisés. Les algorithmes non supervisés sont utilisés pour des réseaux de neurones dont le résultat attendu n'est pas connu au préalable. Cette classe n'étant pas utile dans notre étude, ses algorithmes ne seront pas présentés.

La seconde classe d'algorithmes d'apprentissage, les supervisés, consiste à entraîner un réseau de neurones pour qu'il reproduise un comportement déterminé. Les grands domaines d'applications des réseaux de neurones utilisant un apprentissage supervisé sont la classification (reconnaissance de formes), et l'interpolation de fonctions. Il s'agit de présenter un ensemble de données au réseau de neurones et de comparer le résultat donné par le réseau de neurones avec le résultat souhaité. Il s'agit ensuite de modifier le réseau, les poids des connexions et les seuils des neurones, pour minimiser l'erreur obtenue.

2.4.1   Rétropropagation du gradient

Cette technique d'apprentissage classique a été mise au point par Rumelhart et est détaillée dans l'article [42].

Cette technique calcule l'erreur entre la sortie théorique du réseau et la valeur de sortie du réseau de neurones. La principale caractéristique de cette méthode d'apprentissage est que la valeur de l'erreur est ensuite directement utilisée pour modifier les différents poids intervenant dans le réseau de neurones. Cette modification est effectuée de la couche de sorties vers la couche d'entrées. L'objectif de cette rétropropagation est de minimiser l'erreur globale du réseau.

On réitère cette suite d'opérations sur un ensemble d'apprentissage tant que l'erreur de sortie reste supérieure à un certain seuil, et tant que l'apprentissage reste efficace. En parallèle de cet apprentissage, il faut vérifier que le réseau ne rentre pas dans une phase de sur-apprentissage, c'est à dire que l'erreur calculée avec des données hors de l'ensemble d'apprentissage reste comparable à celle obtenue à l'aide de données issues de cet ensemble. Un réseau se trouvant en sur-apprentissage perd sa capacité de généralisation et ne pourra pas remplir correctement son rôle d'interpolateur.

Le principe de cet algorithme est de suivre la pente de l'erreur dans le but d'atteindre un minimum. La grande difficulté lors de l'exécution de cet algorithme est de savoir si l'on se trouve dans un minimum global détectant la fin de l'apprentissage ou dans un minimum local (voir figure 2.5).

L'autre inconvénient de cet algorithme est sa relative lenteur de convergence à partir du moment où le nombre de neurones sur les différentes couches composant le réseau est important. Il existe plusieurs optimisations de cet algorithme, certaines agissent sur la présentation des données d'apprentissage, d'autres sur la prise en compte et la répercussion de l'erreur sur le réseau (QuickProp [16], Rprop [40]).

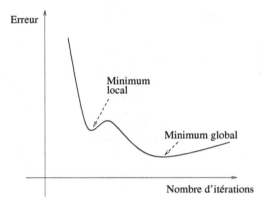

FIGURE 2.5 – Courbe de descente du gradient

Rétropropagation du gradient "résistante" : Rprop

La rétropropagation du gradient "résistante" est un algorithme d'apprentissage pour les perceptrons multicouches [40]. Cet algorithme est un des plus rapides et précis, de plus, il a pour qualité d'être relativement robuste. Cet algorithme reste un algorithme d'apprentissage du premier ordre et donc sa complexité augmente linéairement en fonction de la topologie du réseau.

Contrairement à l'algorithme classique de rétropropagation du gradient, l'algorithme Rprop n'utilise pas directement la dérivée de l'erreur $(\delta E^{(t)})$ pour mettre à jour les poids du réseau (w_{ij}). Dans l'algorithme Rprop, seul le signe de la dérivée de l'erreur est utilisé pour déterminer si les poids sont diminués ou augmentés. De plus, la modification des poids est réalisée en utilisant une valeur indépendante de l'erreur $(\Delta_{ij}^{(t)})$ qui évolue au cours du processus d'apprentissage à l'aide d'un facteur constant (strictement inférieur (η^-) à 1 pour la diminution et strictement supérieur (η^+) dans le cas contraire). Cette valeur de modification est bornée $(\Delta_{min}, \Delta_{max})$.

Christian Igel et Michael Hüsken ont publié une évolution de cet algorithme [25]. Cette évolution permet d'annuler une modification de poids si l'effet de celle-ci est négatif. L'algorithme Rprop ainsi modifié est nommé iRprop$^+$ et est détaillé dans l'algorithme 2.1. Comme dans le cas de l'algorithme classique Rprop, seul le signe de la dérivée de l'erreur est utilisé pour effectuer la mise à jour des poids. Dans le cas où la dérivée est strictement négative, c'est à dire que l'erreur se réduit, la valeur de modification des poids est augmentée et les poids du réseau sont modifiés afin de minimiser l'erreur restante. Dans le cas où l'erreur est augmentée, la constante de modification des poids est diminuée et les différents poids du réseau sont remis à leur valeur précédente. Enfin, si l'amélioration est constante, la constante de modification reste inchangée et les poids sont mis à jour afin de minimiser l'erreur restante.

Algorithme 2.1 L'algorithme iRprop$^+$

Pour tout w_{ij} **Faire**

   Si $\frac{\delta E^{(t-1)}}{\delta w_{ij}} \cdot \frac{\delta E^{(t)}}{\delta w_{ij}} > 0$ **Alors**

   $\Delta_{ij}^{(t)} \leftarrow min(\Delta_{ij}^{(t-1)} \cdot \eta^+, \Delta_{max})$

   $\Delta w_{ij}^{(t)} \leftarrow -sign(\frac{\delta E^{(t)}}{\delta w_{ij}}) \cdot \Delta_{ij}^{(t)}$

   $w_{ij}^{(t+1)} \leftarrow w_{ij}^{(t)} + \Delta w_{ij}^{(t)}$

   Sinon Si $\frac{\delta E^{(t-1)}}{\delta w_{ij}} \cdot \frac{\delta E^{(t)}}{\delta w_{ij}} < 0$ **Alors**

   $\Delta_{ij}^{(t)} \leftarrow max(\Delta_{ij}^{(t-1)} \cdot \eta^-, \Delta_{min})$

   Si $E^{(t)} > E^{(t-1)}$ **Alors**

   $w_{ij}^{t+1} \leftarrow w_{ij}^{t} - \Delta w_{ij}^{(t-1)}$

   Finsi

   $\frac{\delta E^{(t)}}{\delta w_{ij}} \leftarrow 0$

   Sinon Si $\frac{\delta E^{(t-1)}}{\delta w_{ij}} \cdot \frac{\delta E^{(t)}}{\delta w_{ij}} = 0$ **Alors**

   $\Delta w_{ij}^{(t)} \leftarrow -sign(\frac{\delta E^{(t)}}{\delta w_{ij}}) \cdot \Delta_{ij}^{(t)}$

   $w_{ij}^{(t+1)} \leftarrow w_{ij}^{(t)} + \Delta w_{ij}^{(t)}$

   Finsi

Fin pour

2.4.2 Les algorithmes de construction incrémentale

Depuis les premiers développements des réseaux de neurones [36], les problèmes se portent sur leur construction et leur apprentissage. Plusieurs algorithmes ont eu de véritables succès tel que l'algorithme d'apprentissage utilisant la rétropropagation du gradient [31, 43]. Pourtant, il existe un inconvénient majeur à cet algorithme, il n'y a pas de résultat permettant de connaître le nombre optimal de neurones à utiliser sur la couche cachée. Pour résoudre ce problème, de nouvelles techniques d'apprentissage sont mises en place telles que la construction incrémentale [37, 12, 30, 20, 17]. L'idée principale de ces algorithmes est de commencer l'apprentissage avec un nombre minimal de neurones sur la couche cachée (généralement un), puis, d'ajouter un nouveau neurone quand le processus d'apprentissage stagne à un même niveau d'erreur. Ces méthodes tendent à produire des réseaux de neurones avec un nombre limité de neurones ainsi qu'avec un temps d'apprentissage diminué. Néanmoins, la plupart de ces algorithmes sont développés pour résoudre des problèmes de classification.

Nous allons présenter dans les paragraphes suivants les principaux algorithmes développés pour l'interpolation de fonction.

Algorithme de construction en cascade

Un des algorithmes d'apprentissage de réseau de neurones avec construction incrémentale est l'algorithme de construction en cascade. Cet algorithme a été présenté par S. E. Fahlman et C. Lebiere [17] et combine deux concepts. Le premier mis en place concerne

l'architecture du réseau. Les neurones de la couche cachée ne sont pas connectés tradi-
tionnellement mais, comme ils sont ajoutés au cours de l'apprentissage, ils possèdent, en
plus des connexions avec les neurones de la couche d'entrée, des connexions avec tous les
neurones de leur propre couche ajoutés précédemment. Le second principe de cet algorithme d'apprentissage est d'essayer lors de l'ajout d'un nouveau neurone de maximiser
la correspondance entre sa valeur de sortie et l'erreur résiduelle du réseau. L'architecture
particulière de ce réseau est présentée dans la figure 2.6.

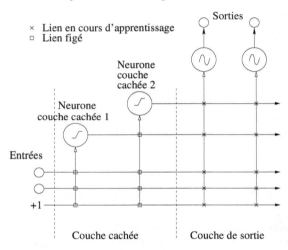

FIGURE 2.6 – L'architecture d'un réseau utilisant l'algorithme en cascade

Algorithme de construction incrémentale proposé par Dunkin et al

Comme l'algorithme de construction incrémentale en cascade, l'algorithme de construction incrémentale proposé par Dunkin et al [12] tente de minimiser le nombre de
nœuds à entraîner à chaque étape du processus d'apprentissage. La première étape de
cet algorithme consiste à entraîner un réseau minimal constitué d'un seul neurone sur sa
couche cachée. À partir du moment où le processus d'apprentissage se stabilise, c'est à
dire que l'amélioration de l'erreur par rapport au pas précédent est inférieure à un seuil
donné, le réseau est figé et un nouveau neurone est ajouté à la couche cachée. Le processus
d'apprentissage recommence alors mais seuls les poids du dernier neurone ajouté sont cor-
rigés. Ensuite, le processus enchaîne les ajouts de neurones sur la couche cachée à chaque
fois que les améliorations du réseau ne sont plus significatives. Le processus d'apprentissage s'arrête à partir du moment où l'erreur globale du réseau a atteint le seuil souhaité
ou alors, lorsque l'ajout d'un nouveau neurone n'a pas amélioré l'erreur précédemment
obtenue. Le principe de construction du réseau est détaillé dans la figure 2.7.

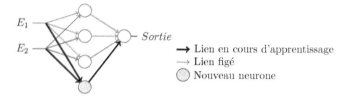

FIGURE 2.7 – L'algorithme de construction incrémentale proposé par Dunkin et al

Les algorithmes d'élagage

Cette catégorie d'algorithmes d'apprentissage de réseau de neurones fonctionne sur le principe inverse des précédents. Les algorithmes majeurs de cette catégorie sont l'algorithme "Optimal Brain Damage" de Yann LeCun et al [32], ou encore l'algorithme "Optimal Brain Surgeon" de Babak Hassibi et al[23]. L'objectif de ces algorithmes est de limiter le sur-apprentissage en limitant la complexité du réseau final. L'apprentissage commence donc avec une architecture complète possédant un grand nombre de neurones entièrement connectés. Ensuite, au fur et à mesure des séquences d'apprentissage, les connexions et les neurones dont le rôle n'est pas significatif sont supprimés.

2.4.3   Parallélisation des apprentissages

Toujours dans le but de contourner la lenteur de l'apprentissage d'un perceptron multi-couches, une voie de recherche est de paralléliser cet apprentissage. Jim Torresen et Shinji Tomita détaillent l'ensemble de ces techniques de parallélisation dans les contextes de réseaux de neurones utilisés dans le cadre de la classification sur des machines parallèles [46]. Cette présentation passe en revue les différentes techniques disponibles et leurs implémentations dans les codes commerciaux.

Également dans un contexte d'utilisation des réseaux de neurones en classification, Sheng-Uei Guan et al ont montré qu'une technique de parallélisation d'un apprentissage d'un réseau de neurones peut être de partitionner l'ensemble des sorties du domaine d'apprentissage et de construire ainsi plusieurs sous réseaux qui, une fois regroupés, contiennent l'information globale [44].

Au cours de notre étude et afin de nous permettre un passage à l'échelle, nous avons dû étudier la possibilité de réaliser une version parallèle de notre algorithme d'apprentissage. Dans la suite de ce chapitre, nous donnons donc un bref aperçu des outils de calcul parallèle qui nous ont été nécessaires au cours de notre étude.

2.5   Les environnements de programmation parallèle

Les travaux réalisés au cours de cette thèse ont un but pratique qui est la mise au point d'une solution d'évaluation des doses d'irradiation déposées dans un contexte médical. Notre application se compose de deux modules : un module d'apprentissage du réseau et un module d'exploitation. Le premier étant utilisé hors ligne, il n'y a pas de contrainte forte sur ses temps d'exécution, bien que ceux-ci doivent tout de même rester raisonnables. Le second module est prévu pour être utilisé intensivement pendant le calcul de la planification de traitement, ses temps d'exécution doivent être les plus réduits possibles.

Même si le temps d'apprentissage n'est pas un critère déterminant pour la finalité de notre application, le nombre de paramètres devant être pris en compte par le réseau de neurones fait augmenter le temps d'apprentissage jusqu'à rendre le temps de cette phase trop important pour être utilisable. De fait, cette phase d'apprentissage nécessite la mise en place d'une version parallèle en vue de diminuer le temps nécessaire à son accomplissement. Nous avons choisi de réaliser un algorithme pouvant être déployé sur une grappe de calcul. De cette manière, notre application est utilisable de manière performante sans pour autant nécessiter une architecture matérielle spécifique.

2.5.1   Définitions des besoins

Les besoins nécessaires à la mise en place de notre application suivent les critères standards des applications parallèles. Comme il sera défini lors de la présentation de notre algorithme parallèle dans la section 3.2, l'application parallèle est construite sur un modèle de type maître-esclave. La partie maître a pour rôle la gestion des phases de calcul alors que chacun des esclaves réalise une phase de calcul distinct. L'environnement de calcul doit permettre une communication simple entre les différents acteurs de l'application. Celle-ci ayant comme contrainte d'être déployable sur des grappes non-totalement fiables, il est nécessaire d'utiliser un environnement de calcul sur grappes supportant la perte d'un de ses éléments de calcul.

Le schéma 2.8 détaille cette stratégie pour une application utilisant un maître et trois esclaves (ou noeuds). Dans un premier temps, l'ensemble des machines, sous l'impulsion du maître, se synchronise. Cette synchronisation effectuée, le maître peut envoyer les différentes tâches de calcul aux nœuds. Pour cette application, les tâches sont indépendantes, il n'y a donc pas de communication entre les différents nœuds. Quand un esclave a terminé son calcul, il retourne le résultat au maître qui peut, si besoin, lui ré-attribuer une nouvelle tâche. Une fois que toutes les tâches de calcul sont attribuées, le maître peut libérer les différents nœuds. Ce mode de fonctionnement reste relativement basique au vu des possibilités des environnements de programmation parallèle. L'ensemble de ces besoins est largement couverts par l'environnement standard de programmation parallèle qu'est MPI.

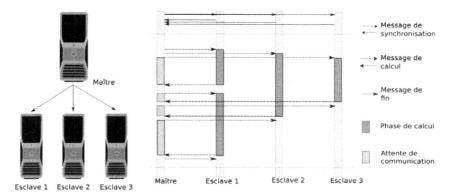

FIGURE 2.8 – Modèle maître-esclave

2.5.2   Un environnement de calcul dédié à la grappe de calcul : MPI

MPI[1] est une norme d'interface de communication et d'environnement parallèle issue des discussions d'un comité, le "MPI Forum", regroupant des membres d'horizons divers : constructeurs (Convex, Cray, IBM, Meiko, nCube, NEC, TMC), développeurs de bibliothèques existantes (PVM, P4, Chameleon, Zipcode, ...), et utilisateurs. Les premières réunions de ce comité ont eu lieu en mars 1993.

Les objectifs du comité étaient :
– définir un standard portable de bibliothèque de communication par passage de messages ;
– fonctionner de manière totalement ouverte (groupe de nouvelles, courriel, pages Toile) ;
– produire un résultat en un an.

Ce comité a produit en juin 1994, dans les délais impartis, la norme MPI-1, qui a été suivie en 1997 de la norme MPI-2, dont les travaux ont démarré dès 1995. Il en existe plusieurs mises en œuvre, comme par exemple MPICH [22], MPICH-2 [28] , LAM/MPI [1], ou encore OpenMPI [2]. Même si chacune de ces implémentations suit la norme MPI, des différences existent tant au niveau du nombre de fonctions disponibles (surtout pour les fonctions faisant partie de MPI-2), qu'au niveau des architectures supportées ou encore de la licence utilisée pour leur publication.

MPI-1 définit l'interface d'une bibliothèque de communication ; ce n'est pas un langage,

---

1. Message Passing Interface

ni un environnement de programmation parallèle. En particulier :
- il n'y a pas dans MPI-1 de fonctions de gestion de processus ni de processeurs, qui font en revanche partie de MPI-2 ;
- il n'y a pas (ou peu) de fonctionnalités de débogage, qui sont laissées à la libre appréciation du programmeur.

En revanche, MPI-1 :
- est une bibliothèque (Application Programmer Interface, ou API) ;
- a été conçu pour que ses mises en œuvre puissent être "thread-safe", bien que peu le soient à l'heure actuelle ;
- gère les groupes de processus ;
- gère les communications collectives ;
- dispose de nombreux modes d'émission et réception ;
- fonctionne en environnement hétérogène ;
- permet l'écriture de bibliothèques de communication, sans risque de conflits ou confusions sur les types de messages, grâce à des objets appelés "communicateurs".

MPI-2, en se basant sur l'expérience acquise et les demandes des utilisateurs, propose de nouvelles fonctionnalités. En particulier, MPI-2 :
- autorise la création dynamique de processus ;
- définit un mécanisme de communications unilatérales (dans un seule sens) ;
- étend les communications collectives ;
- précise le fonctionnement de MPI en multi-tâches ;
- offre des fonctionnalités de gestion parallèle de fichiers.

Une application MPI est un ensemble de processus autonomes exécutant chacun leur propre code et communiquant via des appels à des fonctions de la bibliothèque MPI. La communication peut se faire, soit point à point entre deux processeurs, soit d'une manière collective en faisant plusieurs communications à partir d'une seule requête. MPI offre à l'utilisateur un ensemble de fonctions pour communiquer qui peuvent être soit bloquantes, soit non bloquantes. Cette bibliothèque est particulièrement riche au niveau des communications de groupe, par échange collectif d'un ensemble de données ou sélectif parmi un ensemble de données

L'ensemble de ces fonctionnalités comble donc nos besoins pour construire notre application parallèle. Le seul point nous faisant défaut pour notre étude concerne la mise en place de mécanisme de la tolérance aux pannes au sein de MPI. Mais, si ce point n'est pas directement défini au sein de la norme, certaines implémentations gèrent cette fonctionnalité directement, et il possible d'implémenter des mécanismes la mettant en place pour les autres implémentations. Les parties suivantes à cet état de l'art présentent l'ensemble des nos contributions pour l'application des réseaux, sur grappes, à la radiothérapie.

Deuxième partie

Contributions

Chapitre 3

Contributions pour les réseaux de neurones

Nos travaux s'inscrivent dans l'axe de recherche des réseaux de neurones utilisés en tant qu'approximateurs universels de fonctions. Dans ce chapitre, nous allons présenter les objectifs mais aussi le cheminement qui nous a permis de construire un algorithme d'apprentissage incrémental particulièrement adapté à notre domaine applicatif qu'est la radiothérapie externe.

3.1 Algorithme de construction incrémentale du réseau de neurones

L'un des points de départ de nos travaux a consisté en la réalisation d'un état de l'art des différentes techniques d'apprentissage des réseaux neuronaux. Ce travail a eu pour but d'identifier l'algorithme d'apprentissage le plus efficace dans le cadre de notre étude liée à la radiothérapie externe.

La solution que nous avons retenue consiste à associer un algorithme d'apprentissage de type RPROP (voir 2.4.1) avec une architecture de réseau du second ordre de type HPU (voir 2.3.2). Cette association d'optimisation nous a permis de mettre au point un algorithme d'apprentissage efficace et rapide mais qui ne nous permet pas de garantir que le réseau final obtenu possède un nombre minimal de neurones. Comme on peut le voir sur les différentes représentations des courbes de dépôt de doses, les caractéristiques des courbes servant de référence à l'apprentissage sont de posséder des zones relativement constantes encadrées par des zones à fortes pentes.

Nous nous sommes attachés à mettre au point un algorithme de construction incrémentale. Cet algorithme a pour objectif de conserver les optimisations précédentes tout en limitant le nombre de neurones sur la couche cachée du réseau.

Le principe de notre algorithme, schématisé à la figure 3.1 et détaillé de manière complète dans l'algorithme 3.1, est de réaliser un apprentissage de type RPROP sur une architecture de réseau de type HPU. Le nombre d'entrées, comme de sorties, est défini en fonction des données d'apprentissage. Le nombre de neurones sur la couche cachée (NCC)

Algorithme 3.1 Algorithme d'apprentissage incrémental

Entrées:
    Réseau Res   // *réseau à entraîner*
    Réel $E_{courant}$, Précision // *erreur du réseau et précision souhaitée*
Variables:
    Réseau Res_{prec} // *réseau intermédiaire*
    Réel E_{prec} // *erreur du réseau intermédiaire*
    Booléen Continue   // *indique si le processus continue*
Résultats:
    Réseau Res   // *le réseau entraîné*
    Réel $E_{courant}$ // *l'erreur finale après entraînement*

    // *boucle générale du processus d'apprentissage*
Répéter
    // *copie du réseau courant*
    $Res_{prec} \leftarrow$ Res
    $E_{prec} \leftarrow E_{courant}$
    // *apprentissage du réseau courant*
    $E_{courant} \leftarrow$ ApprentissageRPROP(Res)
    // *détermination de l'ajout d'un nouveau neurone ou d'arrêt du processus*
    Continue $\leftarrow$ Faux
    Si $E_{courant} >$ Précision **Alors**
      Si $E_{courant} < E_{prec}$ **Alors**
        Si NCC $<$ NCC$_{max}$ **Alors**
          AjoutNeuroneCC(Res) ;
          Continue $\leftarrow$ Vrai
        Finsi
      Sinon
        Res $\leftarrow Res_{prec}$
      Finsi
    Finsi
Tant que Continue $=$ Vrai

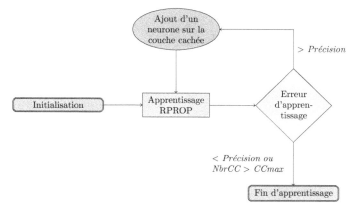

FIGURE 3.1 – Principe de notre algorithme d'apprentissage incrémental

est, quant à lui, choisi en fonction de l'expérience mais toujours le plus petit possible. Ce nombre de neurones sur la couche cachée évoluera au cours de l'apprentissage. Une fois le réseau construit, l'apprentissage proprement dit est lancé. Il s'agit de présenter au réseau les différents ensembles du domaine d'apprentissage et de corriger les différents poids reliant les neurones entre eux de manière à minimiser l'erreur sur le neurone de sortie. À partir du moment où la diminution de l'erreur de sortie stagne et dans le cas où l'erreur finale obtenue ($E_{courant}$) est supérieure à celle décidée (*Précision*), un nouveau neurone est ajouté sur la couche cachée. Ce nouveau neurone est inséré dans le réseau avec des poids nuls afin de ne pas apporter d'erreur supplémentaire, comme il est illustré dans la figure 3.2.

Ensuite, l'apprentissage est de nouveau lancé jusqu'à la prochaine période de stagnation. Ce processus d'apprentissage (*ApprentissageRprop*()) et d'ajouts de neurones sur la couche cachée (*ajoutNeuroneCC*()) alterne tant que le critère de convergence n'est pas atteint ou qu'un ajout de neurones sur la couche cachée n'améliore plus le résultat du réseau de neurones.

Comme les autres algorithmes d'apprentissage de réseaux de neurones, celui-ci incorpore un mécanisme permettant de contrôler que le réseau n'entre pas dans un état de sur-apprentissage. De même, une limite maximum (NCC_{max}) pour le nombre de neurones possible sur la couche cachée a été incluse dans le processus d'apprentissage afin de limiter la taille du réseau de neurones, et ainsi de limiter le temps d'apprentissage dans les cas où la convergence est très lente.

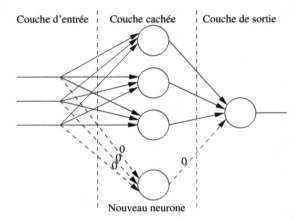

FIGURE 3.2 – Ajout d'un nouveau neurone sur la couche cachée du réseau.

Comme il est montré dans le chapitre 5, les performances atteintes par cet algorithme d'apprentissage sont très bonnes pour un intervalle d'apprentissage expérimental mais restent insuffisantes dans le cadre d'une mise à l'échelle. Afin de permettre la prise en charge des domaines d'apprentissage complets, il est nécessaire de mettre en place des techniques de parallélisation de l'apprentissage.

3.2   La parallélisation

Le principe utilisé pour réaliser la parallélisation de l'algorithme d'apprentissage est le suivant : puisque l'apprentissage d'un domaine de données restreint est pleinement satisfaisant et puisque l'apprentissage d'un domaine complet nécessite un temps trop important, il peut être intéressant de décomposer le domaine d'apprentissage en sous-domaines.

Le principe est ensuite de construire un réseau de neurones pour chacun des sous-domaines composant l'ensemble d'apprentissage. Il faut ensuite concevoir un mécanisme permettant d'utiliser cet ensemble de sous-réseaux de neurones de manière à obtenir un méta-réseau pour le domaine complet.

3.2.1   Principe de décomposition du domaine

Le principe de décomposition du domaine d'apprentissage est élémentaire. Dans cette première version de l'algorithme d'apprentissage parallèle, il est possible de construire des ensembles d'apprentissage en décomposant de manière équivalente les différentes entrées choisies. Ce choix de découpage, s'il s'avère simpliste à première vue, a été ef-

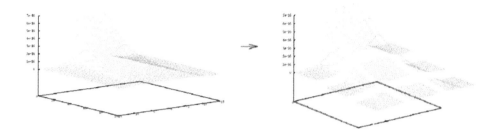

FIGURE 3.3 – Décomposition d'un domaine d'apprentissage en 3x3 sous-ensembles

fectué en rapport à notre application. La plupart des paramètres de notre application ont un domaine assez restreint et seuls les paramètres liés à la description de l'environnement recouvrent un domaine suffisamment étendu pour être découpés. De plus, comme la grille de discrétisation de notre environnement est construite de manière uniforme, un découpage régulier permet de construire des ensembles de données d'apprentissage de tailles équivalentes. La figure 3.3 présente neuf sous-ensembles d'apprentissage qui, regroupés, représentent la courbe de dépôt de doses dans un volume homogène composé d'eau. Le premier intérêt de la décomposition de domaine est de réaliser des apprentissages avec des ensembles de taille relativement restreinte. Un autre intérêt, non négligeable, est que la complexité de chaque sous-domaine est très inférieure à celle du domaine complet, ce qui rend leur apprentissage beaucoup moins complexe.

3.2.2 Rôle et importance du recouvrement

L'inconvénient apporté par ce principe de construire n sous-réseaux de neurones à la place d'un réseau unique vient de la gestion des interfaces entre chaque sous-réseau. Si les réseaux de neurones ont la capacité de généralisation sur un domaine d'apprentissage fini, ils n'ont pas la même précision sur l'ensemble du domaine. Précisément, les zones se trouvant en limite de domaine présentent une erreur relative supérieure à la moyenne du réseau. Le fait de multiplier le nombre de réseaux augmente les zones de fortes erreurs lors de la généralisation, et donc, nuit à la précision générale.

Le principe mis en place pour diminuer ce nouvel apport d'erreur est d'augmenter la taille du domaine d'apprentissage lié à chaque sous-réseau. Ainsi, chaque sous-réseau a un domaine d'apprentissage supérieur à son domaine d'application et les zones à fort pourcentage d'erreur ne sont pas utilisées dans le calcul du réseau global. La figure 3.4 présente la mise en place du recouvrement pour le sous-domaine central de la décomposition présentée à la figure 3.3. Le taux de recouvrement doit être choisi à bon escient afin de minimiser la différence aux jointures des sous-réseaux tout en limitant au maximum la

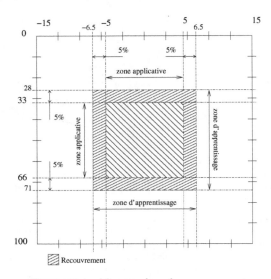

FIGURE 3.4 – Mise en place du recouvrement

zone de recouvrement. Cela est important de minimiser l'augmentation du temps d'apprentissage due à l'augmentation de la taille du domaine d'apprentissage.

3.2.3   L'algorithme parallèle d'apprentissage incrémental

L'algorithme parallèle d'apprentissage incrémental est mis au point pour être utilisé sur une grappe de calcul. Il est donc conçu pour prendre en compte les caractères spécifiques à cette architecture. Le premier de ces caractères est qu'une grappe de calcul peut être composée de machines hétérogènes et non fiables. Il a donc fallu mettre en place un algorithme nécessitant peu de points de synchronisation et prévoir des mécanismes permettant la reprise d'un apprentissage dans le cas où le nœud le réalisant subirait une défaillance.

L'algorithme mis en place est basé sur un modèle maître-esclave. L'algorithme 3.2 décrit la partie maître et l'algorithme 3.3, la partie esclave. La première phase active de ces algorithmes est réalisée par le maître. Dans un premier temps il met en place les structures lui permettant d'enregistrer les sous-réseaux de neurones (*Reseau*) ainsi que la structure lui permettant de contrôler le bon déroulement de l'apprentissage (*EtatG*). *EtatG* liste pour chacun des nœuds : son état ($ATTENTE, APPENCOURS, PANNE$), l'indice du sous-réseau en cours d'apprentissage, ainsi que la date du dernier message reçu. Ces différentes informations sont stockées dans une structure détaillée dans la section 3.2.4. Une fois que ces structures sont initialisées, le maître entre dans la phase de distribu-

---

Algorithme 3.2 Algorithme parallèle d'apprentissage incrémental (Maître)

Entrées:
  Réseau [ ] TReseau // *Meta-réseau à entraîner*
  Entier nbSr,nbProc // *Nombre de sous-réseaux, de nœuds disponibles*
Variables:
  EtatG eProc   // *Structure décrivant l'état des différents noeuds*
  EnsApp [ ] ensApp // *Tableau décrivant les différents ensembles d'apprentissage*
  Entier [ ] listeApp // *Tableau contenant la liste des apprentissages non effectués*
  Entier taille   // *Nombre d'apprentissages restant*
  Entier sd   // *Indice du sous-réseau en cours de traitement*
  Booléen appEncours // *État de l'apprentissage*
Résultats:
  Réseau [ ] TReseau // *Meta-réseau entraîné*

  // *Initialisation des structures globales*
  eProc ← new [nbProc] EtatG
  // *Boucle générale du processus d'apprentissage*
  Tantque appEncours = Vrai **Faire**
    Pour i de 0 à nbProc−1 **Faire**
      Si messageRecu(i,msg) **Alors**
        Si msg = ATTENTE **Alors**
          taille ← evalueApprentissageRestant(listeApp)
          Si taille > 0 **Alors**
            sd ← apprentissageSuivant(listeApp)
            avertissementEnvoiApp(i)
            envoiDonnées(i, sd)
            envoiSousReseau(TReseau[sd])
            indiqueApprentissageEnCours(EtatG,i,sd)
          Sinon
            envoiMsgAttente(i)
          Finsi
        Sinon Si msg = FINAPP **Alors**
          TRéseau[i] ← receptionReseau(i)
          envoiMsgAttente(i)
        Sinon Si msg = ENCOURS **Alors**
          misAJourTemoinVivant(i, EtatG)
        Sinon Si msg = SAUVEGARDE **Alors**
          TReseau[i] ← receptionReseau(i)
        Finsi
      Finsi
    Fin pour
    verificationVitalite(EtatG, listeApp)
    appEncours ← verificationFinApp(EtatG, listeApp)
  Fin tantque
  sauvegarde(Réseau)

---

tion/sauvegarde des différents réseaux composant le domaine complet d'apprentissage.

Lors d'une boucle d'apprentissage, le maître écoute chacun des différents nœuds et réagit en fonction du message reçu. Dans le cas où le maître reçoit un message indiquant que le nœud est dans une phase inactive, phase d'$ATTENTE$, le maître contrôle s'il lui reste des apprentissages non effectués ; dans ce cas, il envoie au nœud un sous-domaine d'apprentissage et le sous-réseau correspondant. Il est important de noter que le sous-réseau envoyé par le maître n'est pas obligatoirement un nouveau réseau non appris mais peut être un réseau temporaire issu d'un nœud ayant subi une défaillance. Dans ce cas, le nœud reprend un apprentissage en utilisant le dernier point de sauvegarde récupéré avant la panne. Ainsi, la perte de temps due à la défaillance d'un nœud est limitée.

L'algorithme "esclave" réalise les opérations complémentaires au maître : suite à l'annonce de l'envoi d'un apprentissage, le nœud réceptionne les données d'apprentissage (*donApp*) puis le réseau de neurones associé. Ensuite, le nœud effectue l'apprentissage proprement dit du réseau en utilisant l'algorithme d'apprentissage incrémental décrit précédemment (voir la section 3.1). Durant cette étape d'apprentissage, le nœud signifie son état au maître en envoyant à intervalles réguliers l'évaluation de son erreur d'apprentissage ainsi que, à intervalles un peu moins fréquents, une copie de sauvegarde de son réseau de neurones résultat.

Durant cet apprentissage, le maître continue de lancer sur l'ensemble des nœuds disponibles la suite des sous-réseaux. Une fois qu'il n'y a plus de nœud disponible, le maître attend qu'un nœud ait fini son apprentissage pour lui en redonner un nouveau. Le maître et les nœuds bouclent ainsi tant que l'ensemble des sous-réseaux n'a pas été complètement entraîné. Une fois ceci fait, le maître envoie un message aux différents nœuds leur indiquant la fin du processus global, puis sauvegarde la structure complète des différents sous-réseaux.

Algorithme 3.3 Algorithme parallèle d'apprentissage incrémental (Esclave)

Entrées:
　　Réseau Res　　　　// *Réseau à entraîner*
　　EnsApp donApp // *Domaine d'apprentissage à utiliser pour l'apprentissage*
Variables:
　　Msg msg　　　　　　// *Message indiquant le type d'action à réaliser par le noeud*
　　Booléen appEncours // *État de l'apprentissage*
Résultats:
　　Réseau Res　　　　// *Réseau entraîné*

　　// *Boucle d'écoute du maître*
　　Tantque appEncours = Vrai **Faire**
　　　　Si msgRecu(msg) **Alors**
　　　　　　Si msg = APP **Alors**
　　　　　　　　// *Lancement d'une phase d'apprentissage*
　　　　　　　　receptionDonneeApp(donApp)
　　　　　　　　receptionReseau(Res)
　　　　　　　　apprentissageIncremental(Res, donApp)
　　　　　　　　envoiFinApp()
　　　　　　　　envoiReseau(Res)
　　　　　　　　msg ← ATTENTE
　　　　　　Sinon Si msg = ATTENTE **Alors**
　　　　　　　　// *Cas où le maître n'a pas de tâche à réaliser*
　　　　　　　　attente(cstT)
　　　　　　　　envoitVivant()
　　　　　　Sinon Si msg = FINAPP **Alors**
　　　　　　　　// *Fin du processus d'apprentissage global*
　　　　　　　　appEncours ← Faux
　　　　　　Finsi
　　　　Finsi
　　Fin tantque

3.2.4   Tolérance aux pannes

L'algorithme étant destiné à être mis en place sur une grappe de calcul utilisant des machines non fiables, il est nécessaire de construire un mécanisme assurant que même en cas de perte d'un nœud, l'apprentissage n'est pas perdu. Le principe utilisé consiste à ce que chaque nœud envoie régulièrement un message d'activité au maître pendant les phases d'apprentissage.

```
class Etat{
    int proc;       // Rang du processus (sert aussi de d'indice pour MPI).
    int indSD;      // Indice du sous-domaine en cours d'apprentissage;
    TypeEtat etat;  // Definit l'état du processus.
    double erreur;  // Erreur de l'apprentissage (si TypeEtat == APP).
    time_t dApp;    // Date de début d'apprentissage
    time_t dSauv;   // Date dernière sauvegarde
    time_t dViva;   // Date de message de vivacité
    }
```

FIGURE 3.5 – Structure permettant la description de l'état d'un nœud

Sur le maître, il est mis en place, comme mentionné précédemment, une structure, décrite dans la figure 3.5 permettant de connaître l'état de chacun des nœuds. Au cours de la réalisation d'un apprentissage, le nœud envoie au maître à intervalles réguliers une sauvegarde de son réseau en cours d'apprentissage. Ces envois sont réalisés à plusieurs moments de l'apprentissage ; à chaque fois qu'un nouveau neurone est ajouté sur la couche cachée, et aussi toutes les n itérations durant la phase d'apprentissage Rprop. La valeur de n est un paramètre modifiable dans la configuration de l'apprentissage. À chaque envoi, le maître modifie la valeur du paramètre *dSauv*. De plus, le nœud envoie à chaque boucle d'apprentissage un message indiquant sa vitalité. La date de réception de ce message est ensuite enregistrée à l'aide du paramètre *dViva* dans la structure associée au nœud sur le maître. Pour détecter la défaillance d'un nœud, il suffit de vérifier que la durée entre la date du dernier message et le moment de vérification ne dépasse pas un certain seuil. Pour ce faire, il suffit de comparer la valeur du paramètre *dViva* avec la date courante. Si le seuil est dépassé, le nœud est indiqué comme défaillant en modifiant la valeur du paramètre *etat*, et le maître ne cherchera plus à lui envoyer de message. Si un apprentissage était en cours sur ce nœud, celui-ci est replacé dans la liste des apprentissages restant à accomplir. Le nœud qui reprendra cet apprentissage utilisera comme base le dernier point de sauvegarde enregistré.

Si un nœud indiqué comme défaillant reprend contact avec le maître et que le sous-domaine dont il avait la charge a déjà été redistribué à un autre nœud, les deux nœuds sont en concurrence tant qu'aucun ne termine son apprentissage. La raison pour laquelle les deux nœuds sont gardés en concurrence vient du fait que si un nœud a déjà été signalé comme défaillant, il peut être classé dans les éléments non-fiables. Il est donc risqué, dans un premier temps, de redonner une charge de calcul à un tel élément. Un fois la convergence de l'apprentissage atteinte sur l'un des deux nœuds, un message est envoyé à l'autre pour lui indiquer qu'il peut stopper son apprentissage et se remettre en position d'attente.

3.2.5 Activation du réseau parallèle

L'utilisation de plusieurs réseaux de neurones à la place d'un réseau unique modifie la fonction d'activation classique. L'algorithme 3.4 décrit le mécanisme mis en place pour prendre en charge cette architecture particulière. L'ensemble des sous-réseaux représentant le réseau parallèle est contenu dans un tableau (*TReseau*).

Algorithme 3.4 Activation du réseau de neurones parallèle

Entrées:
  Réseau [ ] TReseau // *Meta-réseau entraîné*
Variables:
  Entier taille   // *Indique le nombre de réseaux contenus dans le méta-réseau*
Résultats:
  Booléen trouve   // *Indique la validité de l'activation*
  Réel sortie   // *Valeur de l'activation du méta-réseau*

  trouve ← Faux
  taille ← nbreSousReseau(TReseau)
  // *Boucle sur les sous-réseaux tant qu'aucun n'a pu répondre aux entrées passées en*
  paramètres
  Tantque ((i < taille) et (trouve = Faux)) **Faire**
    trouve ← activeReseau(TReseau[i],Entrees)
    i = i + 1
  Fin tantque
  // *Un sous-réseau correspond au domaine des entrées*
  Si trouve = Vrai **Alors**
    sortie ← valSortie(TReseau[i])
  Finsi

La fonction d'activation consiste à appeler itérativement sur chacun des sous-réseaux leur propre fonction d'activation (activeReseau(réseau[i],Entrees)). La boucle s'arrête dès qu'un sous-réseau a pu s'activer sur les entrées (*Entrees*) passées en paramètre à sa propre fonction d'activation. Une fois qu'un sous-réseau a pu s'activer, ses résultats sont recopiés dans le vecteur de sortie (*Sortie*). La fonction retourne ensuite un booléen permettant de savoir si les entrées présentées au réseau de neurones correspondaient bien à son domaine d'apprentissage.

Au niveau des sous-réseaux de neurones, l'activation du réseau reste classique, comme on peut le constater dans l'algorithme 3.5. La première phase effectuée par cet algorithme est de vérifier son mode de fonctionnement. Dans le cas où le réseau de neurones serait en cours d'apprentissage, la fonction contrôlerait la conformité des entrées (*Entrees*) en se basant sur la définition du domaine d'apprentissage comprenant le recouvrement (*absolu*) alors que dans le cas d'une activation du réseau en mode *UTILISATION*, le domaine de référence est le domaine *applicatif*. La seconde étape consiste à calculer les corrélations des entrées pour satisfaire l'architecture HPU. Il ne reste plus qu'à propager les valeurs d'entrées sur la couche cachée puis sur la couche de sortie pour obtenir le résultat. La fonction d'activation retourne un booléen permettant de savoir si les données passées en paramètre appartiennent ou non au domaine de définition du réseau.

Algorithme 3.5 Activation du réseau de neurones

Entrées:
    Réseau reseau   // *Réseau entraîné*
    Réel [ ] Entrées   // *Entrées devant être activées*
    DomaineDef absolu   // *Domaine de définition pour l'apprentissage*
    DomaineDef applicatif // *Domaine de définition pour l'utilisation*
    TypeMessage mode   // *Type d'activation souhaité*
Variables:
    Booléen appartient   // *Permet de vérifier l'appartenance à un domaine de définition*
    Réel [ ] EntréesC   // *Entrées artificielles + Entrées initiales*
Résultats:
    Réel [ ] Sorties   // *Valeur de sortie du réseau après activation*
    Booléen appartient   // *indique la validité de l'activation*

    Si mode = APPRENTISSAGE **Alors**
        appartient ← appartientDomaine(réseau, Entrées, absolu)
    Sinon Si mode = UTILISATION **Alors**
        appartient ← appartientDomaine(réseau, Entrées, applicatif)
    Finsi
    Si appartient = Vrai **Alors**
        entréesC ← calculCorrelation(réseau, Entrées)
        activationCoucheCachee(réseau, EntréesC)
        Sorties ← activationCoucheSortie(réseau)
    Finsi
    Retourne appartient

Comme il a déjà été mentionné, le réseau de neurones a été préalablement entraîné avec des données provenant uniquement de milieux homogènes. Le réseau ne peut donc pas directement gérer les comportements particuliers apparaissant aux changements de matériaux dans le cas d'une évaluation dans un milieu hétérogène. C'est pourquoi nous avons dû mettre en place un algorithme spécifique, permettant de calculer les courbes de doses dans des milieux hétérogènes en utilisant le réseau précédemment entraîné.

Chapitre 4

Algorithme d'évaluation de doses

Lorsqu'un faisceau irradiant entre dans une cellule, seule une partie de l'énergie contenue dans le faisceau est déposée dans la cellule traversée. Une seconde partie du faisceau est déviée à l'ensemble des cellules environnantes (phénomène de diffusion de la dose). Enfin, la dernière partie du faisceau traverse la cellule sans réaliser d'interaction. Les deux principaux paramètres qui influencent la courbe du dépôt de doses sont le spectre en énergie du faisceau incident, et la densité de la matière composant la cellule irradiée.

Actuellement, la majorité des traitements radio-thérapeutiques réalisés est effectuée à l'aide d'un ensemble d'irradiations utilisant toutes le même faisceau. Nous avons donc focalisé notre étude sur le paramètre évolutif pouvant être rencontré, à savoir la densité des milieux traversés. Nous avons toutefois gardé la possibilité d'incorporer dans notre système la fonctionnalité permettant d'utiliser plusieurs énergies de faisceau irradiant. Cette prise en charge de paramétrages différents de la source irradiante se limite à ajouter à notre réseau de neurones une nouvelle entrée caractérisant cette information complémentaire.

Ces algorithmes sont élaborées en s'appuyant sur le principe que la valeur de la dose déposée est un phénomène continu. De plus, nous avons comme seconde hypothèse que l'élément prépondérant pour le dépôt de dose se caractérise par la ou les densités de l'environnement étudié. En effet, la densité des matériaux a une influence importante sur la courbe de distribution de doses, comme il est possible de le voir dans la figure 4.1 (gauche) présentant deux courbes de doses dans deux milieux homogènes différents en fonction de la profondeur. En effet, plus la densité d'une matière est importante, plus la dose absorbée est importante, et donc, plus la décroissance de la courbe de dépôt de dose est rapide. Quant à la continuité des courbes de distribution de doses, elle est garantie dans tous les cas d'irradiation, même lorsqu'il y a présence d'hétérogénéité des milieux.

Afin de faciliter les comparaisons entre nos fichiers références et nos fichiers calculés, le format de fichier utilisé lors de notre étude pour la description des milieux est le format egsphant. Ce format de fichier a été mis au point pour le logiciel EgsNrc [7], il permet de mettre en place une discrétisation uniforme du milieu étudié. Notre travail a tout d'abord porté sur l'évaluation des milieux en deux dimensions pour être ensuite généralisé aux milieux tridimensionnels. Seuls les voisins directs (selon les axes $\vec{x}$, $\vec{y}$ et $\vec{z}$) du voxel en cours d'évaluation sont pris en compte lors de l'évaluation de la dose déposée, c'est pourquoi toutes les interfaces entre milieux peuvent être considérées comme des interfaces soit longitudinales, soit perpendiculaires au faisceau irradiant.

4.1 Phénomène physique aux interfaces entre matériaux

Une interface perpendiculaire se produit lorsqu'il existe une suite de matières perpendiculaires à l'axe du faisceau irradiant. Du fait de la continuité de la valeur de la dose déposée, la valeur de dose est la même de part et d'autre de l'interface. En général, il y a un petit artefact dû soit à un excès, soit à un défaut de contamination électronique, mais, au vu de son peu d'importance, il sera ignoré au cours de cette étude. Algorithmiquement, une interface perpendiculaire peut être vue comme une simple juxtaposition de courbes de rendement en effectuant les décalages nécessaires au maintien du critère de continuité de la courbe. Les figures 4.1 illustrent ce phénomène. La partie de gauche présente deux courbes de rendement en fonction de la profondeur dans le milieu, une dans l'eau et l'autre dans le titane. La figure de droite présente, quant à elle, une unique courbe de rendement dans un milieu hétérogène composé d'eau puis de titane. On peut voir que cette courbe peut être construite en utilisant dans une première partie, la courbe de rendement dans un milieu homogène composé d'eau, puis dans la seconde partie, celle calculée dans un milieu de titane en effectuant le décalage en profondeur indiqué dans la figure de gauche. Notre travail consistera à construire un algorithme permettant d'effectuer ce traitement de manière automatique quels que soient les deux milieux concernés.

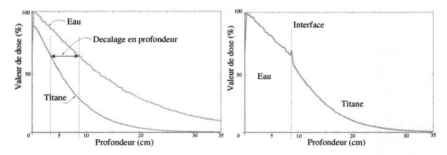

FIGURE 4.1 – Rendements en profondeur dans des milieux homogènes composés d'eau ou de titane (figure de gauche). Rendement en profondeur dans un milieu hétérogène composé d'eau puis de titane (interface à 8.7 cm) (figure de droite)

Les modifications apportées par les interfaces entre matières ne sont pas uniquement présentes dans le cas des interfaces en profondeur, mais également dans le cas des interfaces latérales. La figure 4.2 (gauche), présentant sur une même figure deux profils pour des milieux composés respectivement d'eau et de titane, permet de mettre en évidence le comportement de ce type d'interfaces. Le profil de rendement d'un milieu présentant une interface latérale est présenté à la figure 4.2 (droite). Dans ce contexte, l'influence de l'interface est due au phénomène de diffusion de la dose dans l'environnement irradié. Cette influence se traduit dans une première approximation par un lissage sur la largeur du milieu. Comme pour les interfaces en profondeur, si les différences de milieux sont vraiment importantes, il apparaît des artefacts sur l'interface ; mais, pour les mêmes raisons que dans le cadre des interfaces en profondeur, ces comportements ne sont pas pris en compte dans cette étude et devront faire l'objet d'une étude ultérieure pour affiner la précision de la méthode.

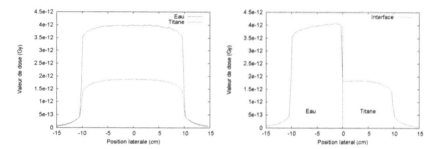

FIGURE 4.2 – Profils pour une distribution de doses dans des milieux homogènes composés d'eau et de titane (figure de gauche). Profil pour une distribution de doses dans un milieu hétérogène composé d'eau puis de titane (figure de droite)

4.2 Algorithme d'évaluation de doses

L'algorithme d'évaluation a pour objectif de calculer la distribution de dose pour un milieu en trois dimensions. La caractéristique innovante de cet algorithme est de se baser sur un réseau de neurones pour évaluer les doses déposées dans les milieux hétérogènes. Le but est donc de mettre en place des mécanismes permettant l'utilisation de ce réseau de neurones malgré l'hétérogénéité des environnements étudiés. Cette utilisation est permise en calculant pour chaque voxel étudié, sa position corrigée. Cette correction est établie en prenant en compte le parcours du faisceau irradiant entre la sortie de la tête de l'accélérateur et le voxel étudié. Cet algorithme est composé de la prise en charge de plusieurs points particuliers que sont : la gestion des différentes interfaces rencontrées ainsi que le type d'irradiation du voxel étudié (cas d'un voxel appartenant ou non au faisceau irradiant comme il est décrit dans la figure 4.3).

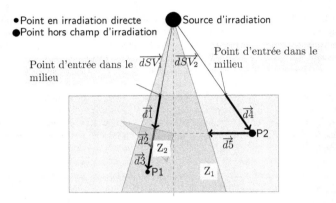

FIGURE 4.3 – Construction des *chemins* d'irradiation

La spécificité de la méthode proposée vient de ce qu'elle est basée sur le mixage d'un réseau neuronal avec un algorithme de calcul mis au point en utilisant l'expérience et la validation, sans faire appel à des algorithmes coûteux reproduisant le comportement physique des éléments étudiés.

4.2.1   Détection du type d'irradiation principale

Lors de l'évaluation de la dose déposée dans un voxel par un faisceau irradiant, le fait que le voxel soit sous influence directe ou non du faisceau est un critère fondamental pour le calcul de celle-ci ; c'est pourquoi nous avons mis en place deux algorithmes spécifiques qui peuvent prendre en charge chacune de ces situations. Pour déterminer si un point appartient au cône d'irradiation, il faut vérifier que l'angle formé entre le vecteur cible-source et le vecteur directeur de la source est inscrit ou non dans l'angle définissant la divergence du faisceau irradiant.

Point dans le champ d'irradiation

Lorsqu'un voxel appartient à la zone directe d'irradiation, le processus d'évaluation suit le cheminement détaillé dans l'algorithme 4.1. La première étape de cet algorithme est de calculer les coordonnées du point en cours d'évaluation, en fonction du repère lié à la position de la source d'irradiation. Le fait d'utiliser les coordonnées liées à la source et non pas liées au milieu permet d'utiliser directement le réseau de neurones quelle que soit la position de la source par rapport au milieu. En effet, de cette manière, le point étudié se retrouve toujours dans des conditions similaires à celles qui ont été utilisées pour réaliser l'entraînement du réseau. Une fois le point positionné, il faut calculer le vecteur entre la source et le point en cours d'évaluation ($VecDir$). Ce vecteur est ensuite pris pour calculer le chemin parcouru par le faisceau irradiant pour atteindre la cible. Le chemin (*che*) est une structure sous forme de liste répertoriant l'ensemble des milieux traversés, elle est décrite dans la figure 4.4.

```
class Position {
    Point posA;     // Position du point repere absolu.
    Point posS;     // Position du point repere source.
    double dens;    // Densite du milieu
}
class Chemin  {
    Position [ ] chemin;    // Liste des positions du chemin.
    double dist;            // Distance entre la source et milieu.
    bool dansRayon;         // Précise si l'entrée du chemin appartient
                            // au faisceau irradiant.
}
```

FIGURE 4.4 – Structures Chemin et Position

Cette structure permet de détailler pour chaque milieu traversé, la position d'entrée (dans les deux repères en utilisant les champs *posA* et *posS*), la densité du milieu traversé (à l'aide du champ *dens*), ainsi que la distance parcouru dans le milieu (dans le champ *dist*). Le champ *dansRayon* permet d'enregistrer si le chemin appartient ou non au champ irradiant. Le chemin est construit à partir du point cible, il faut donc l'inverser avant de passer à la dernière étape du processus qui consiste à évaluer la dose dans la zone cible.

La première position du chemin, associée au vecteur cible-source, permet de déterminer le point d'entrée du faisceau dans le milieu. La position de ce point permet de calculer la distance générale entre le milieu étudié et la source, ce qui correspond au vecteur d1 sur la figure 4.7. Le processus itère ensuite sur chacune des différentes positions enregistrées dans la structure *che*. Toujours en se référant à la même figure, la structure *che* contient trois ensembles représentant les vecteurs $\vec{d1}, \vec{d2}$ et $\vec{d3}$. A chaque position, le processus évalue la valeur de dose avant le passage d'interface en utilisant le réseau de neurones. Puis, à l'aide de l'algorithme de passage d'interfaces longitudinales et de la densité du milieu suivant (contenu dans la structure chemin *che*), l'algorithme calcule la position équivalente à la valeur de dose suivant l'interface. Ce processus itère jusqu'à la dernière position du chemin qui correspond à la zone cible.

Point hors champ

L'algorithme mis en place pour l'évaluation d'une zone cible hors du champ d'irradiation est plus simple. Pour rappel, si le processus diffère de celui utilisé pour évaluer la valeur de dose d'un voxel dans le champ d'irradiation, c'est que la dose déposée dans un tel contexte ne provient pas directement de la source, mais de l'énergie diffusée par les autres zones du milieu. La valeur de dose dans ces zones hors champ reste souvent négligeable. Pouvoir la quantifier avec une relative précision est intéressant uniquement

---

Algorithme 4.1 Algorithme d'évaluation en irradiation directe
___
Entrées:
  Vecteur VecDir   *// Vecteur unitaire entre la source et la zone cible*
  Réseau Res   *// Réseau de neurones entraîné*
  Réel [ ] Position *// Position de la zone cible*
Variables:
  Chemin che *// Chemin entre la source et la zone cible*
  Entier rang *// Position dans le chemin*
Résultats:
  Réel valDose *// Valeur de dose dans la zone cible*

  // Construction du chemin entre la cible et la source jusqu'à l'entrée dans le milieu
  che ← calculChemin(vecDir, Position)
  rang ← 0
  // Évaluation de l'évolution du dépôt de dose au cours du chemin
  PositionCourante ← dernierePositionChemin(che)
  Tantque PositionCourante ≠ Position **Faire**
    rang ← rang + 1
    // Recherche de la nouvelle position en utilisant l'algorithme 4.4
    PositionCourante ← recherchePositionInterfaceLong(che, rang, dosePrec)
    // Recherche de la distance parcourue dans la section de chemin
    distance ← distanceRang(che, rang)
    PositionCourante ← avancePosition(PositionCourante, VecDir, distance)
    valDose ← activeReseau(Res, positionCourante)
  Fin tantque
___

dans le cas d'un enchaînement d'irradiations. Puisque la dose est un élément cumulatif, une somme de quantités négligeables peut devenir une information substantielle à terme.

Le processus mis au point pour évaluer cette dose est décrit de manière précise dans l'algorithme 4.2. Comme pour le cas précédent, la première étape de ce processus est de calculer les coordonnées de la cible dans le repère lié à la source d'irradiation. Ensuite, le processus évalue la valeur de dose dans le milieu homogène correspondant, à l'aide de ses nouvelles coordonnées. Finalement, pour prendre en compte la diffusion de l'irradiation, nous pondérons cette valeur en utilisant la valeur de la première zone du champ d'irradiation rencontrée. Cette évaluation est schématisée dans la figure 4.7 et concerne l'évaluation du point $P2$. Le chemin pour atteindre ce point depuis la source d'irradiation est composé uniquement du vecteur $\vec{d4}$. Cette évaluation passe donc par le calcul à l'aide du réseau de neurones pour le point $P2$ dans un milieu homogène, qui pour l'exemple, est composé d'eau. Ensuite, on recherche la première valeur de dose appartenant au cône d'irradiation, en utilisant le vecteur $\vec{d5}$. Une fois cette valeur de dose évaluée, il suffit de l'utiliser pour pondérer la valeur en $P2$.

Algorithme 4.2 Algorithme d'évaluation de la dose d'une cible hors champ

Entrées:
   Réel [ ] VecDir   // *Vecteur entre la source et la zone cible*
   Réseau Res   // *Réseau de neurones entraîné*
   Réel [ ] Position // *Position de la zone cible*
Variables:
   Réel [ ] Vec   // *Vecteur perpendiculaire dirigé vers le cône d'irradiation*
   Réel [ ] positionCourante // *Position lors de la recherche du cône d'irradiation*
   Booléen appartient   // *Indique si le voxel étudié appartient au cône d'irradiation*
Résultats:
   Réel valDose // *Valeur de dose dans la zone cible*

   valDose ← activeReseau(Res, Position)
   Vec ← calculVecteurOrtho(Position, VecDir)
   // *Pondération de la valeur de dose avec la première valeur de dose rencontrée du cône irradié*
   Tantque appartient =Faux **Faire**
      PositionCourante ← avancePosition(PositionCourante, Vec)
      appartient ← appartientConeIrradiation(Position)
   Fin tantque
   doseCourante ← activeReseau(Res, positionCourante)
   dist ← distance(Position, PositionCourante)
   valDose ← pondereDose(valDose, doseCourante, distance)

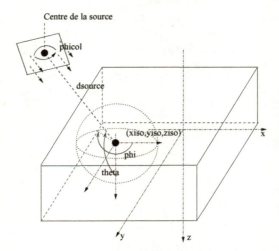

FIGURE 4.5 – Positionnement de la source d'irradiation par rapport au milieu irradié

4.2.2   L'algorithme général d'évaluation des doses

Le premier rôle de cet algorithme est de replacer chacun des différents points composant le volume soumis à l'irradiation dans un contexte similaire à celui utilisé lors de l'apprentissage du réseau de neurones. Comme le montre la figure 4.5, lors de la réalisation d'une irradiation, la source peut se trouver de part et d'autre du volume irradié. L'intérêt est de pouvoir irradier un volume relativement fixe avec la plus grande liberté possible. Il est aisément compréhensible que le volume en question, à savoir un patient, a des possibilités de positionnement restreintes. Pour positionner la source avec précision, il est possible de jouer sur trois angles et sur une distance. Ces mesures sont prises en fonction d'un point de référence, le point Iso de coordonnées $(x_{iso}, y_{iso}, z_{iso})$ du volume cible à irradier, et d'un repère orthogonal (x, y, z) lié à ce point. Les angles ϕ et θ permettent de fixer la position de la source alors que la distance d_{source} donne la distance entre la zone cible et la tête de l'accélérateur. L'angle ϕ_{col} permet d'orienter la tête de l'accélérateur sur son axe d'irradiation.

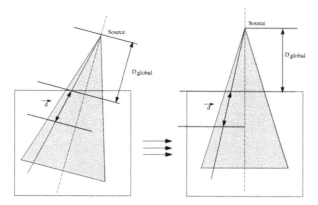

FIGURE 4.6 – Calcul d'un point pour une incidence de rayon non verticale à partir d'une position quelconque

Afin de limiter le nombre de conditions à faire apprendre au réseau de neurones, nous avons décidé que tous les apprentissages se feraient dans des conditions identiques où la tête de l'accélérateur se trouverait à la verticale du volume irradié (contexte droit), c'est à dire pour une valeur de ϕ à $0°$, θ à $180°$ et ϕ_{col} à $0°$ et où la cible se situerait au centre de la face supérieure du volume irradié ($x_{iso} = \frac{x_{range}}{2}, y_{iso} = \frac{y_{range}}{2}, z_{iso} = 0$). Le seul paramètre variable concernant la localisation de la source porte donc sur la distance entre la source et le milieu irradié.

La technique permettant de calculer la position virtuelle d'un point dans un contexte non droit, afin de pouvoir calculer sa dose à l'aide d'un réseau de neurones, est détaillée dans la figure 4.6. La méthode consiste à replacer le vecteur cible-source (d sur la figure) dans un contexte d'irradiation perpendiculaire au volume. Pour permettre ce replacement dans un contexte connu, deux informations sont importantes : le vecteur d, qui indique le chemin parcouru depuis la source par le rayon irradiant pour atteindre le point cible, ainsi que la distance D_{global}, indiquant, quant à elle, la distance entre la source et le milieu à irradier. À partir de ces deux informations, il est possible de replacer chacun des points indépendamment.

Une fois cette étape réalisée, et à partir des deux algorithmes précédents, l'algorithme général d'évaluation des doses a pour unique rôle de déterminer les conditions d'irradiation de la zone étudiée afin d'exécuter l'algorithme correspondant qui, lui, évalue la dose déposée.

Algorithme 4.3 Algorithme général d'évaluation des doses

Entrées:

   Params params // *Structure contenant les paramètres de calcul*
   Réseau Res   // *Réseau de neurones entraîné*
   Milieu milieu   // *Structure décrivant le milieu (ensemble de voxels)*
   Source source // *Structure décrivant la source d'irradiation*

Variables:

   Matrice mat   // *Matrice de changement de repère liée à la source*
   Booléen appartient // *Indique si le voxel étudié appartient au cône d'irradiation*

Résultats:

   Voxcube doseDepose // *Structure permettant d'enregistrer les doses déposées*

Pour tout voxel du milieu **Faire**
   // *Évaluation de la position du voxel dans le repère source*
   Position ← positionnement(voxel, mat)
   appartient ← appartientConeIrradiation(Position)
   Si appartient = Vrai **Alors**
      doseDeposee$_{voxel}$ ← doseIrradtiationDirect(Res, Position)
   Sinon
      doseDeposee$_{voxel}$ ← doseHorsChamp(Res, Position)
   Finsi
Fin pour

4.2.3 Gestion des interfaces perpendiculaires

L'interface perpendiculaire est l'interface la plus influente lors du parcours d'un milieu par un faisceau irradiant. Comme il est précisé dans la section 4.1, ce type d'interface apparaît lorsque l'environnement étudié comporte une suite de matériaux perpendiculaires au faisceau irradiant. Pour résoudre ce problème, il faut trouver la profondeur équivalente dans le milieu homogène correspondant à la valeur de dose précédent l'interface dans le milieu. Cette recherche de profondeur équivalente revient à évaluer le décalage décrit dans la figure 4.1(gauche). L'hypothèse mise en place lors de la réalisation de cet algorithme est que seules les interfaces longitudinales situées après le point maximum de la courbe de rendement sont prises en charge. En utilisant cette hypothèse, il est garanti que les courbes de rendement en profondeur sont exclusivement en phase décroissante, ce qui facilite la recherche de la position équivalente en la limitant à une simple montée ou descente de courbe.

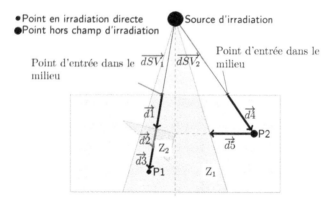

FIGURE 4.7 – Milieu en cours d'irradiation

Deux cas peuvent être rencontrés en fonction de la densité des deux milieux entourant l'interface : soit le faisceau irradiant passe d'un milieu plus dense à un milieu moins dense, soit dans le cas contraire, il passe d'un milieu moins dense à un milieu plus dense. Dans les deux cas, le traitement est similaire, il suffit de parcourir le vecteur entre la source d'irradiation et la position étudiée pour trouver la profondeur correspondant à la valeur de dose précédente dans le nouveau milieu homogène virtuel. La figure 4.7 présente le détail de l'évaluation de deux zones (Z_1 et Z_2). Pour l'évaluation de la zone Z_1, nous utilisons le chemin construit à l'aide des vecteurs $\vec{d1}$, $\vec{d2}$ et $\vec{d3}$. Avant d'arriver en $P1$, le faisceau irradiant doit traverser deux interfaces perpendiculaires, apparaissant de part et d'autre de la pièce de titane qui est plongée dans le volume d'eau. Pour calculer, par exemple, la valeur de dose se trouvant directement après la première interface, il faut connaître la valeur de dose précédent l'interface, c'est à dire à la fin du vecteur $\vec{d1}$, pour ensuite, retrouver ce niveau de dose dans un milieu composée exclusivement de titane. Cette nouvelle valeur sera la première valeur du vecteur $\vec{d2}$. La différence de densité permet d'indiquer le sens de parcours du vecteur dans le nouveau milieu afin de retrouver la position recherchée. Une fois cette nouvelle position trouvée, il est possible d'utiliser le réseau de neurones pour obtenir les valeurs de dose déposées sur la suite des positions du milieu, dans notre cas, le long du vecteur $\vec{d2}$, et ce, jusqu'à la prochaine interface rencontrée. Ces procédés sont décrits de manière détaillée dans l'algorithme 4.4.

4.2.4   Gestion des interfaces latérales

Comme il a été mentionné dans la section 4.1, le phénomène présent aux interfaces latérales peut être modélisé en première approche comme un simple lissage entre les milieux. Nous avons donc mis en place dans un premier temps un mécanisme simple de lissage entre les différentes valeurs de doses. Pour ne pas perturber le mécanisme global d'évaluation de dose, cet algorithme devait être appliqué seulement après l'évaluation complète des doses dans le milieu.

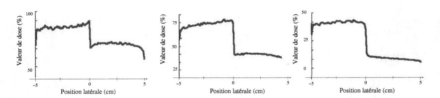

FIGURE 4.8 – Forme de la brusque variation du dépôt de dose présente à l'interface latéral à 1 cm , 5 cm puis 10 cm de profondeur (de gauche à droite)

Toutefois, il apparaît que l'apport d'erreur dû aux artefacts suite aux différences de densités est plus important que dans le cas longitudinal. De plus, les effets du lissage ont un effet négatif sur l'erreur globale de la courbe d'irradiation. Dans un second temps, nous avons mis en place un mécanisme faisant appel à un réseau de neurones spécialement entraîné pour la gestion de ce type d'interface. Le principe de ce mécanisme a été testé sur un milieu en deux dimensions, et laisse présager d'un bon comportement général. Mais, suite au passage à l'évaluation des doses directement en milieux tridimensionnels, le temps nous a manqué pour explorer plus précisément cette piste.

Algorithme 4.4 Algorithme de gestion des interfaces perpendiculaires

---

Entrées:

Réseau Res   // *Réseau de neurones entraîné*
Réel [ ] Position // *Position de l'interface*
Réel valDoseR   // *Valeur de la dose précédent l'interface*
Réel [ ] vecDir   // *Vecteur unitaire entre la source et le point en cours d'évaluation*
Réel densPrec, densSuiv // *Densité précédent et suivant l'interface*

Variables:

Réel [ ] posPrec   // *Position intermédiaire*
Réel tolDens, tolDose   // *Tolérance de densité et de valeur de dose*
Réel valSortie, valPrec // *Valeurs résultats (courante et précédente)*
                                // *du réseau de neurones*
Réel coefRech   // *Coefficient de recherche d'une position*
Booléen active   // *Validité de l'activation*

Résultats:

Réel [ ] Position // *Position modifiée prenant en compte l'interface*

Si active = Faux **Alors**
  Position ← positionBorneDomaine(Res, Position)
Sinon
  posPrec ← Position
  Si densSuiv > densPrec **Alors**
    Tantque coefRech ≥ tolDose et valPrec ≤ valSortie et active = Vrai **Faire**
      posPrec ← Position
      valPrec ← valSortie
      Position ← delacementPostion(coefRech, -vecDir, Position)
      active ← activeReseau(Res, Position, valSortie)
      Si valSortie > valDoseR et active = Vrai **Alors**
        Position ← posPrec
        coefRec ← coefRec/2
      Finsi
    Fin tantque
  Sinon
    Tantque coefRech ≥ tolDose **Faire**
      posPrec ← Position
      valPrec ← valSortie
      Position ← delacementPostion(coefRech, vecDir, Position)
      active ← activeReseau(Res, Position, valSortie)
      Si valSortie ≤ valDoseR et active = Vrai **Alors**
        Position ← posPrec
        coefRec ← coefRec / 2
      Finsi
    Fin tantque
  Finsi
Finsi

Le principe est de mettre au point un réseau de neurones sachant décrire l'artefact présent à un changement de milieu en se basant sur le rapport des deux densités encadrant l'interface entre les milieux. L'artefact présent de part et d'autre d'une interface dépend principalement de deux paramètres, la valeur de dose au niveau de l'interface et le rapport entre les densités des deux matières la composant. De plus, la forme de cet artefact n'est pas constante sur l'ensemble du rendement en profondeur, tel qu'on peut le constater sur la figure 4.8. L'idée est donc de réaliser une série d'apprentissages sur des milieux composés d'une hétérogénéité centrale, correspondant à une interface latérale. Cet ensemble est composé, pour une énergie de faisceau donnée, d'une série de matières différentes dans l'objectif de recouvrir la plus grande plage de rapports de densités possible. Ensuite, il ne reste plus qu'à construire un réseau de neurones ayant pour domaine d'apprentissage la zone d'influence de l'interface, c'est-à-dire le centre du milieu irradié.

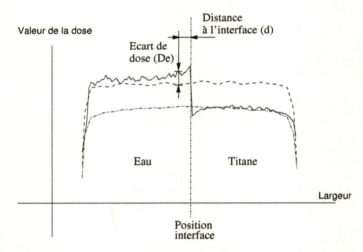

FIGURE 4.9 – Rapport entre les valeurs de doses soumises ou non à une interface latérale

Comme pour notre première idée, l'application de cet algorithme est effectuée en post-traitement. La première étape consiste à repérer, sur l'ensemble du milieu irradié, les différentes zones sous l'influence d'une interface latérale. Ensuite, pour chaque zone, il faut calculer le rapport des densités composant l'interface. En utilisant le rapport de doses, et le niveau de dose de la zone étudiée, il est possible de retrouver le rapport de dose entre la dose du milieu homogène et celle présente dans le milieu sous l'influence de l'interface. La figure 4.9 présente un exemple de profils regroupant trois courbes de distribution de doses. Chacune de ces différentes courbes a été évaluée dans des milieux différents mais avec une énergie de faisceau identique. Il y a deux courbes issues de milieux homogènes (eau puis titane) et une courbe issue d'un milieu possédant une interface latérale entre deux matériaux (eau et titane). On peut clairement voir sur cette figure l'influence de l'interface sur le niveau des doses, comme le quantifie la mesure De. L'intérêt de notre algorithme est donc de retrouver cette mesure De correspondant au milieu en cours d'évaluation.

Cette recherche se fait en plusieurs étapes :

– Calcul du quotient entre les densités composant l'interface;
– Recherche du réseau de neurones correspondant à ce rapport;
– Recherche de la position correspondant à la position courante dans le milieu de référence (utilisation de la distance à l'interface d);
– Calcul du rapport correspondant à l'influence de l'interface;
– Application de ce rapport à la zone étudiée.

Le temps nous ayant manqué pour la mise en œuvre de cet algorithme, il n'est pas présent dans la version tridimensionnelle de notre solution logicielle Neurad [5], et n'est donc pas encore évalué. Cependant, il devrait être mis en place lors de travaux ultérieurs.

Les différents algorithmes présentés dans cette section ont pour rôle de reconstruire des courbes de dépôt de doses suite à une irradiation. Comme indiqué précédemment, l'élément de base de ces algorithmes repose sur l'utilisation des réseaux de neurones. De ce fait, la précision globale de la courbe de rendement repose sur la combinaison de ces modules. L'enjeu est donc d'avoir une précision maximale de chacun des éléments afin que leur assemblage ne construise pas une courbe présentant des incertitudes supérieurs au standard imposé dans le monde médical. Le chapitre suivant présente les différents résultats obtenus au cours de ces travaux.

Chapitre 5

Mise en œuvre et expérimentations

Dans ce chapitre, nous présentons les différents tests que nous avons mis en place pour évaluer la performance et la précision de :

- notre algorithme d'apprentissage incrémental parallèle ;
- nos algorithmes d'évaluation de dépôt de dose.

La première partie de ce chapitre a pour rôle de présenter nos résultats pour les réseaux de neurones. Nous débutons par l'illustration des performances de notre algorithme incrémental en réalisant un comparatif avec d'autres algorithmes d'apprentissage. La suite de cette section présente l'influence des différents paramètres liés à l'apprentissage incrémental parallèle.

La deuxième partie de ce chapitre présente quant à elle, les performances de notre algorithme d'évaluation de dépôt de dose. Afin de montrer la précision générale de nos travaux, nous mettons en valeur, par un test spécifique, chacune des solutions apportées.

5.1 Évaluation de l'algorithme d'apprentissage

L'objectif de cette partie est de détailler les caractéristiques de notre algorithme d'apprentissage. Dans une première partie nous établissons une comparaison entre deux algorithmes classiques d'apprentissage pour la réalisation de perceptrons multicouches : l'algorithme d'apprentissage en cascade et l'algorithme de construction incrémentale proposé par Dunkin et al. La seconde partie porte sur une étude des performances de ces algorithmes dans le domaine applicatif de la radiothérapie externe. Enfin la dernière partie de cette section détaille l'influence des différents paramètres sur le déroulement et les performances de l'apprentissage incrémental en parallèle.

5.1.1   Étude de l'algorithme d'apprentissage incrémental

Test sur une fonction classique

La première fonction utilisée pour comparer notre algorithme d'apprentissage est une fonction classique qui est régulièrement utilisée dans la littérature. Cette fonction, présentée à la figure 5.1, est de la forme suivante :

$$f(x, y) = (exp(cos(4 * (x + y)))/2) \tag{5.1}$$

Pour évaluer la qualité de l'apprentissage, nous avons présenté au réseau de neurones différents ensembles de tailles différentes. L'objectif est de voir l'influence de la taille de l'ensemble des données sur la qualité de l'apprentissage. Nous avons donc réalisé dix apprentissages à l'aide d'ensembles contenant respectivement 20, 30, 40, 50, 60, 70, 80, 90, 100 et 125 points distribués sur l'intervalle $[0, 1]^2$. Ces points sont pour la majorité d'entre eux uniformément distribués sur le domaine d'apprentissage (en utilisant la racine carrée du nombre de points), le reste étant placé aléatoirement. Pour chaque test, le seuil d'apprentissage est fixé à une précision de 1.10^{-4}.

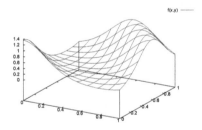

FIGURE 5.1 – Présentation de la fonction classique utilisée pour l'apprentissage

Ensuite, sur tous les réseaux entraînés, nous avons calculé la racine carrée de l'erreur (TSE[1]) sur un ensemble de 25 points choisis aléatoirement sur le domaine de la fonction approchée. L'objectif de ce test est de vérifier la propriété de généralisation du réseau de neurones. Les résultats sont donnés dans la figure 5.2 dans laquelle la TSE est tracée en fonction de la taille de l'ensemble de données pour chaque méthode d'apprentissage. Ces résultats représentent une moyenne de 10 apprentissages successifs pour chaque algorithme. Il est possible de voir que l'algorithme de Dunkin ainsi que celui que nous avons proposé présentent le même comportement. Les deux sont nettement plus performants que l'algorithme d'apprentissage en cascade. Toutefois, le comportement de notre algorithme est légèrement plus oscillant que celui proposé par Dunkin, tout en conservant la

---

1. Total Squared Error

même décroissance générale, ce qui est le plus important, puisque notre algorithme doit être utilisé avec des ensembles de données de grandes tailles.

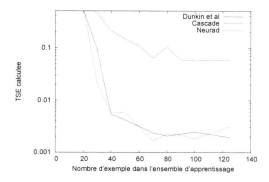

FIGURE 5.2 – TSE en fonction de la taille d'apprentissage

Application à la radiothérapie

Toujours dans le but de présenter les avantages de notre algorithme, cette section présente une comparaison entre l'algorithme de Dunkin et le nôtre en se basant sur un apprentissage lié à notre domaine d'application : la radiothérapie externe.

Ce comparatif est construit en se basant sur un ensemble d'apprentissage provenant du résultat d'une irradiation d'un volume se situant dans l'alignement de la tête d'irradiation, schématisé dans la figure 5.3 (gauche). La structure de données utilisée pour représenter le domaine d'apprentissage est une grille de discrétisation à deux dimensions, permettant d'enregistrer la valeur de la dose déposée à chaque position discrète. Un exemple de courbe de distribution de dose est donné à la figure 5.3 (droite) pour une irradiation d'un volume entièrement composé d'eau. De tels résultats peuvent être obtenus soit directement par des mesures physiques, soit à l'aide d'un simulateur. Ceux-ci ont été établis à l'aide du simulateur BeamNrc [7] basé sur les techniques de Monte Carlo.

L'ensemble d'apprentissage utilisé pour réaliser notre comparaison est donc composé de deux courbes distinctes de dépôt de doses ; la première étant le résultat d'une irradiation d'un volume d'eau, la seconde étant le résultat de la même irradiation mais cette fois-ci pour un volume composé de titane[2]. Cet ensemble d'apprentissage est représenté à la figure 5.4. On peut voir que les principales différences entre ces deux courbes se situent sur l'inclinaison de la pente de la courbe en profondeur et également sur la valeur du point maximum pris par chacune des courbes. Cet ensemble est constitué de 40 000 points au total (20 000 points par courbes) uniformément distribués sur le domaine d'apprentissage.

---

2. le choix du titane a été fait car cette matière est couramment utilisée lors de la réalisation de prothèses de hanche

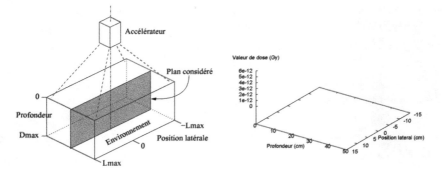

FIGURE 5.3 – Localisation de la zone d'intérêt (gauche). Distribution de doses pour un milieu homogène d'eau (droite)

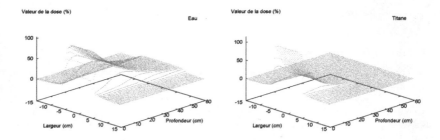

FIGURE 5.4 – L'ensemble d'apprentissage composé de deux courbes de distributions de doses.

Les résultats de l'algorithme de Dunkin et ceux de notre algorithme sont présentés dans le tableau 5.1. Les résultats de l'algorithme en cascade ne sont pas présentés car celui-ci nécessite un temps avant convergence beaucoup plus important que les deux autres. De plus, au vu de son comportement lors du test précédent, il ne semble pas qu'il puisse obtenir de bons résultats. C'est pourquoi nous ne réalisons une comparaison qu'entre les deux autres algorithmes d'apprentissage.

Il peut être remarqué que le temps d'apprentissage ainsi que la taille finale de notre architecture est plus important que pour l'algorithme de Dunkin. L'augmentation du temps d'apprentissage vient en réalité du fait que dans notre algorithme, tous les poids des différents neurones peuvent être modifiés à chaque pas d'apprentissage. Cette méthode implique un nombre plus important de calculs par pas d'apprentissage, et donc, un temps d'apprentissage plus important. Concernant la taille du réseau de neurones, notre algo-

	Dunkin et al	notre algorithme	Comparatif
Temps d'apprentissage	17h54s	19h13	+1h19
Neurones cachées	37	50	+13
Déviation (%)	0,66	0,032	négligeable
Écart min (%)	$2,7e-4$	$1,3e-5$	/ 20
Écart max (%)	429,9	179,9	/ 2,4
Écart moyen(%)	4,03	1,38	/ 2,92

TABLE 5.1 – Comparatif sur les résultats des deux algorithmes d'apprentissage appliqués à la radiothérapie

rithme ne semble pas être optimal. Toutefois, il est relativement difficile d'interpréter de tels résultats alors que l'architecture du réseau est directement en lien avec la précision globale du réseau. Ainsi, si l'algorithme de Dunkin atteignait la même précision finale que le nôtre, il est sûr que son architecture serait un avantage par rapport à notre algorithme, mais dans ce cas, notre défaut d'architecture est comblé par notre performance concernant la précision d'apprentissage.

En analysant les résultats, on peut voir que notre algorithme a une plus grande performance sur l'ensemble des critères. Même si l'erreur moyenne est le critère le plus avantageux pour notre algorithme, il est aussi intéressant de remarquer que la valeur de biais, ainsi que les valeurs minimales et maximales des erreurs sont à notre avantage. Ceci est très important car le critère seul de l'erreur moyenne n'est pas suffisant pour garantir une bonne approximation de fonction. C'est pourquoi, nous pouvons dire que notre algorithme produit actuellement un très bon réseau pour l'approximation de fonctions. Ce point est confirmé par l'aspect global des courbes obtenues avec chacun des réseaux résultants. Ces courbes sont présentées dans la figure 5.5 et on peut voir que la courbe issue du réseau "Dunkin" présente des oscillations non désirées à sa surface et que celles-ci ne sont pas présentes sur la courbe issue de notre réseau.

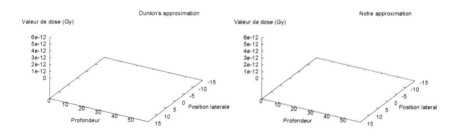

FIGURE 5.5 – Approximation à l'aide du réseau "Dunkin" (gauche). Approximation à l'aide de notre algorithme (droite).

5.1.2   Étude de la version parallélisée

Influence du taux de recouvrement

Ce premier test porte sur l'étude de l'impact du recouvrement sur la précision d'apprentissage. Pour valider ce test nous avons utilisé un domaine d'apprentissage ne contenant qu'une seule courbe de dépôt de doses. Tout l'intérêt est de montrer l'influence de ce paramètre sur la gestion des zones limites entre les sous-réseaux de neurones. Nous avons donc utilisé une configuration de décomposition en trois parties pour les dimensions propres au positionnement latéral et en profondeur.

Taux recouvrement (%)	0	5	7	10	50
Écart (%)	2,86	2,38	2,37	2,37	2,45
Déviation (%)	2,28	1,86	1,82	1,83	1,85

TABLE 5.2 – Influence du taux de recouvrement sur la précision d'apprentissage

Les résultats de ce premier test sont présentés dans le tableau 5.2. Ce tableau représente l'écart obtenu sur l'étude d'un milieu homogène composé d'eau entre les données de référence et celle calculées à l'aide du réseau de neurones. Comme il est possible de le voir, l'augmentation du taux de recouvrement permet d'améliorer dans un premier temps l'écart du réseau de neurones. Mais, cette amélioration de la gestion des interfaces entre milieux est ensuite atténuée par l'augmentation importante des domaines d'apprentissage. Le fait d'augmenter la taille du domaine d'apprentissage, augmente en proportion équivalente le degré de complexité de ce domaine. Ce premier test permet donc de montrer que la mise en place du recouvrement est indispensable afin de garantir les performances de notre algorithme d'apprentissage. Il est toutefois important de noter que le choix du taux de recouvrement ne peut être fait sans une étude de performance préalable.

Influence de la décomposition du domaine d'apprentissage

Pour réaliser cette série d'apprentissages, nous avons utilisé un ensemble de données obtenu à l'aide du simulateur BeamNrc s'appuyant sur les techniques de Monte Carlo. Le jeu de données représente les résultats d'irradiation d'une cuve d'eau en utilisant trois valeurs différentes (98, 100 et 102 cm) pour la distance entre la source et la surface d'entrée dans le milieu. Cet ensemble est donc composé de cinq paramètres d'entrée (trois pour le positionnement du point, la densité, et la distance de la cuve à la source) et d'un paramètre de sortie, la valeur de l'énergie déposée. Il est composé de 1 500 000 points.

Tout l'intérêt de ce test est de montrer que la parallélisation de l'apprentissage ne réduit pas la précision globale, et que, de plus, elle apporte un gain important sur la durée d'apprentissage. Les résultats de ce test sont disponibles dans le tableau 5.3. Ce tableau montre l'évolution des performances de notre algorithme parallèle d'apprentissage en fonction de la décomposition du domaine d'apprentissage. Cette décomposition porte uniquement sur les paramètres d'entrée correspondant au positionnement spatial.

La configuration de l'apprentissage utilisée pour réaliser cette série de test privilégie la vitesse d'apprentissage à la précision finale. Cette configuration se traduit en favorisant

Discrétisation	$1\times1\times1$	$2\times1\times2$	$2\times2\times2$	$3\times1\times3$	$3\times2\times3$	$3\times3\times3$
Erreur moy ($\times10^{-4}$)	6,20	1,57	1,0	1,63	1,0	1,01
Erreur min ($\times10^{-5}$)	62	9,99	9,99	9,99	9,99	9,99
Erreur max ($\times10^{-4}$)	6,20	2,3	1,01	4,97	1,01	1,23
Temps min	4h34	4h06	0h54	1h11	0h04	0h03
Temps max	4h34	8h10	3h25	5h59	3h47	1h42
Taux de convergence (%)	0	25	33	62	66	92

TABLE 5.3 – Influence de la décomposition de domaine sur l'apprentissage

l'ajout de nouveaux neurones sur la couche cachée en diminuant la période sur laquelle la performance de l'apprentissage est étudiée. Le taux de recouvrement choisi pour ce test correspond à celui présentant les meilleurs résultats au test précédent, c'est à dire 7 %.

La première série d'indicateurs étudiés porte sur l'erreur finale obtenue par les différents sous-réseaux. Il est possible de voir que la décomposition de l'ensemble des différentes entrées permet de faciliter la convergence globale du processus d'apprentissage, et que dès que le domaine d'apprentissage est découpé sur l'ensemble de ses dimensions, l'apprentissage converge au niveau global, c'est à dire que l'erreur obtenue correspond à l'erreur souhaitée. Le taux de convergence sur chacun des sous-réseaux s'améliore aussi en conséquence pour atteindre un taux supérieur à 90% lorsque chacune des dimensions est décomposée en 3. Le taux de convergence correspond au nombre de sous-réseaux ayant convergé par rapport au nombre total de sous-réseaux composant le réseau global.

La seconde partie des paramètres étudiés porte sur le temps nécessaire à l'apprentissage d'un sous-réseau. Du fait de la grande taille de l'ensemble d'apprentissage, les premiers essais utilisant des ensembles de grande taille ont des taux de convergence faibles. De fait le premier test ayant un temps relativement faible ne correspond pas à l'obtention d'un réseau correctement entraîné. Il est à noter que comme les différents apprentissages sont réalisés en parallèle, le temps maximum nécessaire pour réaliser un entraînement correspond au temps global d'apprentissage. Ces résultats montrent donc bien que la discrétisation permet de réduire de manière importante le temps d'apprentissage.

Influence de la décomposition sur la réactivité du réseau

Le dernier test de cette version parallélisée est de montrer l'influence de la parallélisation sur le temps de réponse du réseau de neurones. Pour montrer cette influence nous avons testé la différence de temps de réponse des réseaux sur le même domaine d'apprentissage. Les points testés sont uniformément répartis sur l'ensemble du domaine applicatif.

Pour évaluer cette influence, nous avons construit une série de réseaux de neurones couvrant un important intervalle de parallélisation, de 1 à 5 découpages sur les dimensions $\vec{x}$ et $\vec{z}$. À l'aide de ces réseaux, nous avons effectué trente évaluations successives dans un milieu homogène d'eau de dimension $100\times1\times200$. La seule différence entre ces différentes exécutions porte sur le niveau de décomposition du domaine d'apprentissage, c'est à dire sur le nombre de sous-réseaux composant le méta-réseau complet. Ce nombre de sous-réseaux varie de 1, lorsqu'il n'y a aucune décomposition du domaine, à 25, quand les axes, $\overrightarrow{x}$ et $\overrightarrow{z}$ sont découpés en 5 parties.

y : x	1	2	3	4	5
1	2,53	2,5	2,53	2,53	2,53
2	2,53	2,5	2,53	2,53	2,53
3	2,53	2,53	2,53	2,53	2,53
4	2,53	2,57	2,53	2,57	2,57
5	2,53	2,57	2,53	2,53	2,6

TABLE 5.4 – Influence de la décomposition du domaine d'apprentissage sur la vitesse d'évaluation (temps en secondes)

Comme il est possible de le voir dans le tableau 5.4 présentant le temps d'évaluation d'un milieu homogène en fonction du nombre de sous-réseaux, ce paramètre n'est pas réellement influant sur le temps de réaction du réseau de neurones. Quel que soit le nombre de sous-réseaux, le temps d'évaluation reste constant aux alentours de 2,5 secondes. Ce peu d'influence s'explique par la grande efficacité du mécanisme mis en place pour le choix du réseau, et aussi, par le fait que le temps nécessaire à l'évaluation du choix du sous-réseau et négligeable devant le calcul du résultat du sous-réseau.

5.2 Évaluation des algorithmes de reconstruction de doses

Cette partie a pour objectif de montrer les performances de notre algorithme d'évaluation des doses. La première partie de cette évaluation a été réalisée dans la section précédente quand nous avons montré les capacités d'apprentissage de notre réseau de neurones appliqué à la radiothérapie externe. Pour réaliser cette évaluation, nous avons utilisé notre algorithme d'évaluation des doses. Vu que le milieu étudié est homogène, seule la partie concernant le positionnement des différents voxels a été validée, il reste donc dans cette partie à présenter les résultats concernant l'évaluation de chacune des deux situations caractéristiques que sont la gestion des interfaces longitudinales et celle des interfaces latérales.

5.2.1 Évaluation qualitative

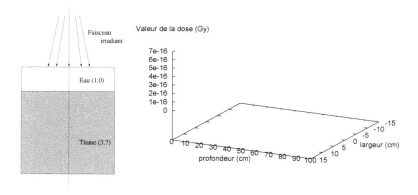

FIGURE 5.6 – Étude de l'algorithme de gestion des interfaces en profondeur

Trois cas présentant l'ensemble des hétérogénéités existantes sont testés. Ces trois différents milieux sont composés d'eau et de titane. L'eau, possédant une densité de 1, est choisie car c'est l'élément majoritaire entrant dans la composition du corps humain. Le titane est choisi, comme il a déjà été mentionné, car il entre dans la composition de prothèses humaines. De plus, l'intérêt de choisir ces deux matières et qu'elles présentent une grande différence de densité ce qui amplifie les changements de valeur de doses aux interfaces, et représente un cas des lus complexe dans la mise au point de notre algorithme d'évaluation de doses.

Environnement testé	Déviation (%)	Ecart (%)
Milieu homogène d'eau	0,02	0,76
Interface en profondeur	-1,46	1,85
Interface latérale	-0,15	1,48
Milieu complexe	1,32	2,87

TABLE 5.5 – Déviation et écart de notre algorithme en pourcent par rapport aux courbes de référence

Le premier environnement contient uniquement une interface longitudinale comme il est présenté dans la figure 5.6. Le milieu est donc composé d'une première partie en eau, suivie pour le reste du milieu de titane. Dans une voie analogue, le second environnement étudié est composé de deux matières juxtaposées dans l'axe du faisceau irradiant. Ce second milieu permet d'évaluer notre algorithme dans une situation d'interface latérale. Finalement, le troisième milieu étudié est plus complexe que les deux précédents car il a pour objectif de nous permettre l'évaluation de la combinaison des deux types d'interfaces. Ce dernier milieu, présenté à la figure 5.7, correspond à l'évaluation d'une irradiation d'une cuve d'eau où est plongé un cylindre de titane (voir le résultat à la figure 5.8).

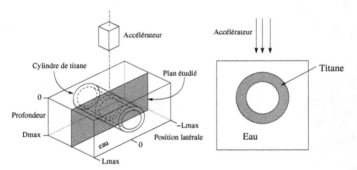

FIGURE 5.7 – Étude d'un milieu complexe, un cylindre de titane, plongé dans une cuve d'eau

Les résultats qualitatifs de nos tests sont présentés dans le tableau 5.5. Pour chacun des tests, nous avons évalué la valeur de biais, cette valeur correspond à la moyenne de la déviation entre les valeurs données par notre algorithme et celles issues de simulation Monte Carlo. Pour la seconde valeur, nous avons utilisé les mêmes valeurs de référence pour calculer l'écart. Cette valeur d'écart renseigne sur la précision globale de notre algorithme. Ces valeurs d'erreur sont calculées sur la zone représentative du faisceau, correspondant aux zones se trouvant sous l'influence directe du rayon.

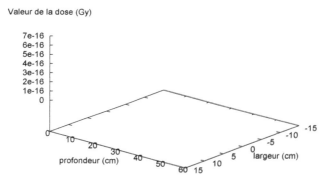

FIGURE 5.8 – Résultat de l'irradiation du cylindre

Il peut être remarqué que les réseaux utilisés pour cette évaluation ont une très grande précision et une valeur de biais négligeable. L'écart moyen sur le milieu homogène d'eau est inférieur à un pourcent. Les résultats pour les évaluations des autres milieux montrent que nous obtenons une écart toujours inférieure à trois pourcents. Nous rappelons que l'écart maximum tolérée dans le domaine médical pour ce type d'application est de l'ordre de cinq pourcents.

5.2.2   Évaluation quantitative

Environnement testé	Temps (en s)
Milieu homogène d'eau	2,0 s
Interface en profondeur	12 s
Interface latérale	1,8 s
Milieu complexe	47 s

TABLE 5.6 – Évaluation quantitative de l'algorithme d'évaluation des doses sur différents milieux.

Comme il a déjà été mentionné, le calcul des courbes de doses à l'aide des méthodes de Monte Carlo prend un temps très important, généralement de l'ordre de la journée. L'algorithme d'évaluation de dose est développé en C++ standard. L'évaluation de cet algorithme est réalisé sur une simple machine de travail de type Pentium IV 3.6 GZ avec 1Go de Ram utilisant le système d'exploitation Linux. Le temps moyen pour calculer une courbe de rendement en deux dimensions est de l'ordre de 2s pour les milieux homogènes et de 47s maximum pour le milieu complexe.

L'ensemble des résultats est disponible dans le tableau précédent. On peut voir dans ce tableau que le temps nécessaire à réaliser l'évaluation d'un milieu ne présentant qu'une interface latérale est très inférieur à l'évaluation d'un milieu possédant une interface en profondeur. Ceci s'explique par le fait que les interfaces latérales ne sont pas encore gérées par notre algorithme. Enfin, on peut dire que même pour le type de milieu le plus complexe que nous avons testé, les temps de calcul restent très courts.

Conclusions et Perspectives

Conclusion

Les travaux présentés dans ce mémoire concernent les réalisations que j'ai effectuées au cours de ma thèse. Ce travail a porté dans un premier temps sur la mise au point d'algorithmes d'apprentissage de réseaux de neurones utilisés en tant qu'interpolateurs de fonction dans le domaine applicatif qu'est la radiothérapie externe. L'objectif de cet algorithme est de pouvoir apprendre l'ensemble des courbes de rendement issues d'irradiations de milieux homogènes, obtenues à l'aide d'un simulateur basé sur la technique de Monte Carlo. Dans un second temps, l'objectif applicatif de ma thèse portant sur l'élaboration d'un code de calcul permettant l'évaluation des doses déposées, nous avons mis au point des algorithmes permettant cette évaluation dans tous les milieux, hétérogènes comme homogènes, en se basant sur les résultats fournis par les réseaux de neurones précédemment entraînés.

Dans la première partie de ce mémoire, nous avons réalisé un état de l'art sur les techniques utilisées en radiothérapie externe puis sur les différents algorithmes utilisés dans le domaine des réseaux de neurones.

La radiothérapie externe permet le traitement de cancer par le biais d'irradiations successives. Un des grands enjeux de ce domaine de recherche est d'optimiser la réalisation de la planification de traitement. Le but est d'améliorer ainsi la qualité des soins fournis aux patients. Une part importante de ces recherches concerne la mise au point de codes de calcul permettant l'évaluation de la dose déposée lors d'une irradiation avec la plus grande précision possible. Il existe actuellement plusieurs méthodes permettant d'évaluer ce dépôt de doses. Ces méthodes peuvent soit reposer sur des mesures a posteriori, soit sur des solutions analytiques ou encore sur des calculs statistiques tels que les méthodes de Monte Carlo. Ces dernières méthodes sont celles qui offrent la meilleure précision. Toutefois, leur important temps de calcul les rend inutilisables pour un emploi en clinique quotidien. C'est pourquoi, les systèmes de planification de traitement font appel à des méthodes analytiques en incorporant dans certains cas, des codes pré-évalués de Monte Carlo dédiés à la gestion de cas spécifiques. Les résultats de ces solutions restent souvent perfectibles, et peuvent même parfois être erronés pour des cas très particuliers tels que la présence de prothèses.

Dans la seconde partie de cet état de l'art, nous avons présenté les différentes techniques mises en œuvre pour les réseaux de neurones. Ceux-ci peuvent être utilisés de manière performante en tant qu'interpolateurs de fonctions. La plupart de ces interpolateurs basés sur les réseaux de neurones utilisent une architecture de type perceptron multicouches ainsi qu'un algorithme d'apprentissage de type rétropropagation du gradient. Plusieurs optimisations de ces techniques classiques existent. Suite à une série de tests permettant la comparaison de ces optimisations, nous avons sélectionné les deux plus performantes pour notre domaine applicatif; il s'agit de l'architecture HPU et de l'algorithme d'apprentissage RPROP. Le dernier thème abordé de cet état de l'art porte sur une analyse de nos besoins en parallélisation en vue de choisir une plate-forme spécialisée dans la programmation parallèle. Après une étude des besoins liés à notre application, le choix de la plate-forme s'est orienté vers la mise en œuvre LAM/MPI. Cette plate-forme supporte nos demandes en fonctionnalité de communication et de tolérances aux pannes.

La seconde partie de ce mémoire porte sur les contributions que nous avons apportées à ces domaines de recherche. La première part de notre travail a consisté en la réalisation d'un nouvel algorithme d'apprentissage incrémental, alors que la seconde, a porté sur la réalisation d'algorithmes performants permettant l'évaluation des doses déposées lors d'une irradiation. L'objectif de ce travail est de mettre au point un nouveau code de calcul permettant, à l'aide de réseaux de neurones entraînés sur des données représentant le résultat d'irradiations de milieux homogènes, d'atteindre la précision des méthodes de Monte Carlo avec de bonnes performances sans nécessiter une forte puissance de calcul.

L'algorithme d'apprentissage incrémental, que nous proposons, est construit sur une architecture de type HPU en utilisant l'algorithme d'apprentissage RPROP. En utilisant la combinaison de ces optimisations et en ajoutant à l'algorithme ainsi obtenu la possibilité d'optimiser le nombre de neurones disponibles sur la couche cachée en l'augmentant progressivement au cours de l'apprentissage, nous obtenons un algorithme d'apprentissage d'une grande performance pour les réseaux de neurones utilisés en interpolateur de fonction. Mais, même avec un tel algorithme, le passage à l'échelle semble difficile. C'est pourquoi nous avons mis en place une version parallèle de ce précédent algorithme. Cette parallélisation est réalisée en effectuant une décomposition du domaine d'apprentissage et en développant une application sur le modèle maître-esclave. Ensuite, pour répondre aux difficultés rencontrées lors du déploiement de cet algorithme, nous avons mis en œuvre une série de mécanismes permettant de répondre aux pannes des machines exécutantes, ou même, du processus général d'apprentissage.

Nos contributions portent ensuite sur les algorithmes d'évaluation des doses. L'objectif est de construire un algorithme en se basant sur les réseaux de neurones précédemment entraînés sur des résultats d'irradiation en milieux homogènes. Pour les concevoir, nous nous sommes basés sur le principe de continuité de la dose en tout point du milieu ainsi que sur une fine observation du comportement de la courbe de dépôt de dose aux interfaces entre milieux. L'algorithme global est en fait construit à base de plusieurs algorithmes spécifiquement développés pour résoudre chaque problème indépendamment. Le premier algorithme réalisé permet de prendre en charge l'hétérogénéité du milieu. Il s'agit donc de pouvoir retrouver lors de l'évaluation de dose d'un milieu, la position virtuelle correspondant à un niveau de dose dans un milieu de densité différente, en ayant pour seul repère de positionnement, la direction entre la source d'irradiation et le point recherché. Le second algorithme proposé permet quand à lui d'estimer la valeur de dose déposée dans un volume alors que celui-ci n'est pas directement sous le champ du faisceau irradiant. Malgré nos recherches, nous n'avons pas été à même d'implémenter un algorithme pour la gestion des interfaces latérales. Nous avons toutefois proposé un ensemble de solutions permettant d'évaluer l'irradiation d'un milieu avec une grande précision, quel que soit le type d'hétérogénéité qui le compose [6].

Finalement, nous présentons une évaluation complète de l'ensemble de nos solutions. La première partie de cette évaluation présente donc les avantages de notre algorithme d'apprentissage en réalisant une comparaison avec d'autres algorithmes mettant en place une construction incrémentale. Suite à cette évaluation, nous présentons une série de tests permettant de voir l'influence de chacun des paramètres mis en place pour la gestion de la parallélisation de notre algorithme.

Ce chapitre ce clôt par le détail des performances de notre algorithme d'évaluation de la dose déposée lors d'une irradiation. Les tests réalisés permettent d'estimer la performance de nos algorithmes sur chacune des conditions caractéristiques qui peuvent être rencontrées lors de l'évaluation d'un milieu d'une irradiation dans un milieu donné.

Perspectives

Les travaux réalisés au cours de cette thèse ouvrent plusieurs perspectives de recherche. En effet, même si ces travaux se concluent par l'obtention d'une application permettant pleinement d'évaluer les doses déposées lors d'une irradiation dans tous milieux, et ce, avec une précision suffisante, il reste encore plusieurs points d'étude intéressants. Certains sont facultatifs mais permettraient d'améliorer encore les parties déjà développées et d'autres sont essentiels à l'aboutissement du projet global actuel d'optimisation de la planification du traitement des cellules cancéreuses.

Algorithme d'apprentissage incrémental

Un point important que je n'ai pas encore pu mettre en place est l'ajout de connaissances à un réseau neuronal déjà entraîné. Dans mon contexte de travail et même avec parallélisation, il est fréquent qu'un apprentissage dure plusieurs jours. Les réseaux devant être utilisés dans des conditions évoluant au cours du temps, il est très intéressant de pouvoir leur ajouter des connaissances complémentaires, comme des doses d'irradiation obtenues dans un contexte (distance, densité du milieu homogène,...) encore non appris. Cet axe de recherche qui est la suite logique de mes travaux, rejoint une des grandes problématiques actuelles dans le domaine des réseaux neuronaux.

Utilisation des réseaux de neurones pour la gestion des interfaces entre milieux

L'utilisation des réseaux de neurones a été limitée dans notre approche actuelle à l'évaluation des doses dans les sous-parties homogènes d'un milieu hétérogène. Cependant, la gestion des interfaces entre milieux, c'est-à-dire le comportement des dépôts de doses au voisinage des changements de matières du milieu irradié, pourrait être améliorée par la mise au point de réseaux spécifiquement entraînés. En effet, le comportement physique du dépôt de doses autour des changements de matières est encore mal modélisé aujourd'hui. Il est donc actuellement retranscrit de manière approchée dans l'algorithmique de calcul des doses. Par rapport à notre objectif d'évaluation des doses, il serait donc très intéressant de s'abstraire de la connaissance précise du phénomène physique en utilisant une approche complètement neuronale faisant intervenir un second réseau spécifiquement entraîné sur ces changements de matières.

Extension de l'algorithme parallèle d'apprentissage aux grilles distribuées

L'algorithme parallèle de construction et d'apprentissage du réseau neuronal, utilisé pour l'évaluation des doses, est actuellement opérationnel sur des grappes locales de calcul. Étant donné les grands volumes de données à traiter et de calculs à effectuer pour réaliser cet apprentissage, les temps d'apprentissage restent relativement élevés même en utilisant des grilles locales assez importantes. Il paraît donc utile à terme d'étendre l'algorithme existant pour qu'il puisse fonctionner efficacement sur de grandes grilles réparties sur différents sites géographiques.

Optimisation de la décomposition du domaine d'apprentissage

Actuellement la décomposition du domaine d'apprentissage est uniquement réalisée en prenant en compte la taille du domaine d'apprentissage affecté à chaque sous-réseau. Hors, comme il est possible de voir dans nos différents résultats, les temps d'apprentissage que nous pouvons obtenir pour chacun des différents sous-réseaux n'est pas homogène. En vue d'harmoniser le temps d'apprentissage pour chacun des sous-réseaux, il peut être intéressant de ne plus réaliser la décomposition du domaine uniquement en fonction de la taille des données d'apprentissage mais plutôt en fonction de leur complexité.

Conception et développement du processus d'optimisation de la planification de traitement

Enfin, la dernière pierre à apporter à l'édifice est, bien entendu, le processus d'optimisation de la planification du traitement des tumeurs cancéreuses. Cette étape est réalisée en maximisant la dose prescrite à la tumeur tout en minimisant l'irradiation des zones sensibles. Actuellement, les systèmes existants privilégient le temps de calcul total par rapport à la précision finale en minimisant le nombre de simulations effectuées. En utilisant les solutions que nous avons proposées pour évaluer les courbes de doses déposées, il est possible d'accroître de manière significative le nombre de simulations permettant une vérification plus précise des choix de traitements proposés et ainsi, d'améliorer de manière importante la planification de traitement.

Bibliographie

[1] Lam/mpi parallel computing. electronic. http ://www.lam-mpi.org/.

[2] Open mpi :open source high performance computing. electronic. http ://www.open-mpi.org/.

[3] Anders Ahnesjo and Maria Mania Aspradakiso. Dose calculations for external photon beams in radiotherapy. *Physics in Medicine and Biology*, 1999.

[4] Frelin Anne-Marie. *Développement du dosimap, Instrument de dosimétrie pour le contrôle de qualité en radiothérapie*. PhD thesis, Université de Caen, 2006.

[5] Jacques Bahi, Sylvain Contassot-Vivier, Libor Makovicka, Eric Martin, and Marc Sauget. Neurad. *Agence pour la Protection des Programmes. No : IDDN.FR.001.130035.000.S.P.2006.000.10000*, 2006.

[6] Jaques Bahi, Sylvain Contassot-Vivier, Libor Makovicka, Eric Martin, and Marc Sauget. Neural network based algorithm for radiation dose evaluation in heterogeneous environments. In *International Conference on Artificial Neural Networks, ICANN 2006*, Athens, Greece, September 2006.

[7] BEAM-nrc. NRC of Canada. http ://www.irs.inms.nrc.ca/BEAM/beamhome.html.

[8] Thomas Bortfeld. Optimized planning using physical objectives and constraints. In *Seminars in Radiation Oncology*, volume 9 of *1*, pages 20–34, January 1999.

[9] E. Buffard, R. Gschwind, L. Makovicka, E. Martin, and C. Meunier C. David. Study of the impact of artificial articulations on the dose distribution under medical irradiation. In Elsevier Science, editor, *Nuclear instruments and methods in physics research*, volume 229, pages 78–84, 2005.

[10] Y. Le Cun. A learning scheme for threshold networks. In *Cognitiva'95*, pages 599–604, Paris, France, 1985.

[11] G. Cybenko. Approximations by superpositions of sigmoidal functions. *Mathematics of Control, Signals, and Systems*, 2 :303–314, 1989.

[12] N. Dunkin, J. Shawe-Taylor, and P. Koiran. A new incremental learning technique. In Springer Verlag, editor, *Neural Nets Wirn Vietri-96. Proceedings of the 8th Italian Workshop on Neural Nets*, pages 112–118, 1997.

[13] J. F. Briesmeister (Editor). Mcnp–a general monte carlo n-particle transport code. Technical Report LA-12625-M, LANL, Los Alamos, NW, 1993.

[14] C. L. Hartmann-Siantar et al. Llnl's peregrine project. In Medical Physics Publishing, editor, *Proceedings of the XII-th Conference on the Use of Computers in Radiotherapy*, pages 19 – 22, Madison, Wisconsin, May 1997.

[15] F. Salvat et al. Penelope, an algorithm and computer code for monte carlo simulation of electron-photon showers. University of Barcelona preprint, 1996.

[16] S. E. Fahlman. Faster-learning variations on back-propagation : An empirical study. In Morgan-Kaufmann, editor, *Connectionist Models Summer School*, Los Altos CA, 1988.

[17] S. E. Fahlman and C. Lebiere. The cascade-correlation learning architecture. In D. S. Touretzky, editor, *Advances in Neural Information Processing Systems*, volume 2, pages 524–532, Denver 1989, 1990. Morgan Kaufmann, San Mateo.

[18] I. Feuvret, G. Noel, C. Nauraye, P. Garcia, and J.-J. Mazeron. Index de conformation et radiothérapie. In Elsevier, editor, *Cancer Radiothérapie*, volume 8, pages 108–119. 2004.

[19] G. Flake. Square unit augmented, radially extended, multilayer perceptrons.

[20] B. Fritzke. Fast learning with incremental rbf networks. *Neural Processing Letters*, 1(1) :2–5, 1994.

[21] C.L. Giles and T. Taxwell. Learning, invariance and generalization in high-order neural networks. *Optical Neural Networks*, pages 344–350, 1994.

[22] W. Gropp and E. Lusk. Sowing MPICH : A case study in the dissemination of a portable environment for parallel scientific computing. *The International Journal of Supercomputer Applications and High Performance Computing*, 11(2) :103–114, 1997.

[23] Babak Hassibi and David G. Stork. Second order derivatives for network pruning : Optimal brain surgeon. In Stephen José Hanson, Jack D. Cowan, and C. Lee Giles, editors, *Advances in Neural Information Processing Systems*, volume 5, pages 164–171. Morgan Kaufmann, San Mateo, CA, 1993.

[24] K. Hornik, M. Stinchcombe, and H. White. Multilayer feedforward networks are universal approximators. *Neural Network*, 2(5) :359–366, 1989.

[25] C. Igel and M. Hüsken. Empirical evaluation of the improved Rprop learning algorithm. *Neurocomputing*, 50(C) :105–123, 2003.

[26] J.Allison. Geant4 - a simulation toolkit. volume 17, April 2007.

[27] T.D. Solberg J.J. DeMarco, I.J. Chetty. A monte carlo tutorial and the application for radiotherapy treatment planning. *Medical Dosimetry*, 27 :43–50(8), Spring 2002.

[28] N. T. Karonis, B. Toonen, and I. Foster. MPICH-G2 : A grid-enabled implementation of the message passing interface. *J. Parallel Distrib. Comput.*, 63(5) :551–563, 2003.

[29] I. Kawrakow. Vmc++, electron and photon monte carlo calculations optimized for radiation treatment planning. In *Advanced Monte Carlo for radiation physics, particle transport simulation, and applications*, pages 229–236, Lisbon, Portugal, 2001. Monte Carlo 2000 Conference, Springer.

[30] V. Kurkova and B. Beliczynski. An incremental learning algorithm for gaussian radial-basis-function approximation. In *Second International Symposium on Methods and Models in Automation and Robotics*, pages 675–680, 1995.

[31] Y. le Cun. *Modèles connexionnistes de l'apprentissage*. PhD thesis, Université Pierre et Marie Curie, 1987.

[32] Y. LeCun, J. Denker, S. Solla, R. E. Howard, and L. D. Jackel. Optimal brain damage. In D. S. Touretzky, editor, *Advances in Neural Information Processing Systems II*, San Mateo, CA, 1990. Morgan Kauffman.

[33] Projet Maestro. Methods and advanced equipment for simulation and treatment in radio oncology. http ://www.maestro-research.org/index.htm.

[34] McCulloch and Pitts. A logical calculus of the ideas immanent in nervous activity. In Elsevier Sciences, editor, *Bulletin of mathematical Biophysics*, volume 5, pages 115–133. Oxford, 1943.

[35] W. R. Nelson, H. Hirayama, , and D. W. O. Rogers. The egs4 code system. Technical Report Report SLAC-265, Stanford Linear Accelerator Center, Stanford, California, 1985.

[36] W. Pitts and W. S. McCulloch. A logical calculus of ideas immanent in nervous activity. *Bulletin of Mathematical Biophysics*, 5 :115–133, 1943.

[37] R. Polikar, L. Udpa, S.S. Udpa, and V. Honavar. Learn++ : An incremental learning algorithm for supervised neural networks. *IEEE Transactions on Systems, Man and Cybernetics - Part C : Applications and Reviews*, 31(4) :497–508, nov 2001.

[38] Mohan R. Why monte carlo ? In Medical Physic, editor, *Proceedings of the XIIth International Conference on the use of computers in radiation therapy*, 1997.

[39] N. Reynaert, S.C. van der Marck, D.R. Schaart, W. Van der Zee, C. Van Vliet-Vroegindeweij, M. Tomsej, J. Jansen, B. Heijmen, M. Coghe, and C. De Wagter. Monte carlo treatment planning for photon and electron beams. *Radiation Physics and Chemistry*, 76 :643–686, 2007.

[40] M. Riedmiller and H. Braun. A direct adaptative method for faster backpropagation learning : The rprop algorithm. In *Proceedings of the IEEE Internationnal Conference on Neural Networks (ICNN93)*, San Francisco, April 1993.

[41] JC. ROSENWALD. Sécurité en radiothérapie : le contrôle des logiciels et des systèmes informatiques. *Cancer/Radiotherapie*, 6 sup 1 :180–189, 2002.

[42] D. E. Rumelhart, G. E. Hinton, and R. J. Williams. Learning internal representations by error propagation. In D. E. Rumelhart and J. L. McClelland, editors, *Parallel Distributed Processing : Explorations in the Microstructure of Cognition*. Bradford Books/MIT Press, Cambridge, Mass, 1986.

[43] D.E. Rumelhart, J.L. McClelland, and PDP research group. *Parallel Distributed Processing*, volume 1-2. The MIT Press, 1986-87.

[44] Syn Kiat Tan Sheng-Uei Guan, Qi Yinan and Shanchun Li. Output partitioning of neural networks. In Elsevier Science, editor, *Neurocomputing*, volume 68, pages 38–53, October 2005.

[45] Sylvain Tertois. *Réduction des effets des non-linéarités dans une modulation milti-porteuse à l'aide de réseaux de neurones.* PhD thesis, Rennes 1, 2003.

[46] Jim Torresen and Shinji Tomita. *Parallel Architectures for Artificial Neural Networks,* chapter A Review of Parallel Implementations of Backpropagation Neural Networks. IEEE CS Press, 1998.

Liste des publications personnelles

Dépôt logiciel

[1] Jacques Bahi, Sylvain Contassot-Vivier, Libor Makovicka, Eric Martin and Marc Sauget. Neurad. In Agence pour la Protection des Programmes. No : IDDN.FR.001.130035.000.S.P.2006.000.10000, 2006.

Revue internationale

[2] Jacques Bahi, Sylvain Contassot-Vivier and Marc Sauget. An Incremental Learning Algorithm for Function Approximation. In Elsevier Science, 2007. *À paraître*

[3] Vasseur Aurelien, Makovicka Libor, Martin Éric, Sauget Marc, Contassot-Vivier Sylvain et Bahi Jacques, Dose calculations using artificial networks : a feasibility study for photon beams, Nucl. instr. and Meth. in Phys. Res. B, 2008.

Conférences internationales avec comité de lecture

[4] Jacques Bahi, Sylvain Contassot-Vivier, Libor Makovicka, Eric Martin and Marc Sauget. Neural Network Based Algorithm for Radiation Dose Evaluation in Heterogeneous Environments. In Artificial Neural Networks - ICANN 2006, Vol. 4132/2006 :777–787 of Lecture Notes in Computer Science, Springer Berlin / Heidelberg, Athens, Greece, Septembre 2006.

[5] Jacques Bahi, Sylvain Contassot-Vivier, Marc Sauget and Aurelien Vasseur, A Parallel Incremental Learning Algorithm for Neural Networks with Fault Tolerance. VECPAR'08, Toulouse, France, Juin 2008. *papier accepté*

Conférences nationales avec comité de lecture

[6] Aurelien Vasseur, Eric Marin, Régine Gschwind, Libor Makovicka and Marc Sauget. Réseaux de neurones pour la dosimétrie directe en radiothérapie externe. In 46e journées SFPM, Saint-malo, France, 2007.

[7] Vasseur Aurelien, Marin Eric, Makovicka Libor, Marc Sauget, Contassot-Vivier Sylvain and Jacques Bahi. Utilisation d'un code de calcul dosimétrique basé sur les Réseaux de Neurones Artificiels et la méthode de Monte-Carlo. In 1er Forum CGE, Vittel, Octobre 2007.

[8] Aurelien Vasseur, Marc Sauget, Eric Martin, Sylvain Contassot-Vivier, Libor Makovicka and Jacques Bahi. Développement d'un code de calcul doséimétrique basé sur les Réseaux de Neurones (RNA) In 23ièmes journées LARD, Pragues, 19-19 Octobre 2006.

[9] Eric Martin, Sylvain Contassot-Vivier, Marc Sauget, Aurelien Vasseur, Libor Makovicka and Jacques Bahi. Utilisation d'un code de calculs dosimétriques basé sur les RNA et la méthode MC. In SFRP-LARD-SFPM-FIRAM, Saclay, Novembre 2006.

[10] Marc Sauget, Sylvain Contassot-Vivier, Jacques Bahi, Eric Martin and Libor Makovicka. Utilisation des réseaux de neurones pour la conception d'un code de calcul pour la dosimétrie en radiothérapie externe. In 22ièmes Journées des Laboratoires Associés de Radiophysique et de Dosimétrie, Montbéliard, France, Octobre 2005.

[11] Marc Sauget, Eric Martin, Régine Gschwind, Libor Makovicka, Sylvain Contassot-Vivier and Jacques Bahi. Développement d'un code de calcul dosimétrique basé sur les réseaux artificiels de neurones. In 44ièmes Journées Scientifiques de la Société Française de Physique Médicale, Avignon, France, Juin 2005.

Rapport

[12] Marc Sauget. Etude de l'influence de la perte de messages pour les algorithmes asynchrones dans le cadre du calcul sur grille. Master's thesis, Université de Franche-Comte, Septembre 2004.

Posters

[13] Aurelien Vasseur, Marc Sauget, Eric Martin, Sylvain Contassot-Vivier, Libor Makovicka and Jacques Bahi. Utilisation d'un code de calcul dosimétrique basé sur les Réseaux de Neurones Artificiels et la méthode de Monte-Carlo. In 45èmes journées scientifiques de la SFPM, Lyon, France, 2006.

[14] Marc Sauget. Evaluation de doses d'irradiation en milieux hétérogènes. In Journées de L'ISIFC, Besançon, France, Octobre 2005.

Résumé

Les travaux présentés dans cette thèse s'inscrivent dans un projet lié à la radiothérapie externe. L'objectif de ceux-ci est de mettre au point un moteur de calcul permettant une évaluation précise et concise d'un dépôt de dose lors d'une irradiation. Pour remplir cet objectif, nous avons construit un moteur de calcul reposant sur l'utilisation des réseaux de neurones. Dans un premier temps, nous avons développé un algorithme d'apprentissage pour les réseaux de neurones spécifiquement conçu pour la prise en charge des données liées à la radiothérapie externe. Dans un second temps, nos travaux ont consisté en la réalisation d'algorithmes permettant l'évaluation des doses.

La première partie a donc porté sur la mise au point de l'algorithme d'apprentissage des réseaux de neurones. Un des problèmes majeurs lors de la préparation de l'apprentissage concerne la détermination de la structure optimale permettant l'apprentissage le plus efficace possible. Pour construire un réseau proche de l'optimal, nous nous sommes basés sur une construction incrémentale du réseau. Ensuite, pour permettre une prise en charge des nombreux paramètres liés à notre domaine d'application, et du volume des données nécessaires à un apprentissage rigoureux, nous nous sommes attachés à paralléliser notre algorithme. Nous avons obtenu, à la fin de cette première phase de nos travaux, un algorithme d'apprentissage incrémental et parallèle pouvant être déployé de manière efficace sur une grappe de calcul non-fiable. Ce déploiement est possible grâce à l'ajout d'un mécanisme de tolérance aux pannes. La deuxième partie, quant à elle, a consisté en la mise au point d'algorithmes permettant l'évaluation des doses déposées lors d'une irradiation. Ces algorithmes utilisent les réseaux de neurones comme référence pour la valeur des doses ainsi que le principe de continuité de la dose en tout point du milieu. Ils ont été construits à partir d'une fine observation du comportement de la courbe de dépôt de dose à chaque changement de milieu.

En aboutissement, nous présentons des expérimentations montrant les performances de notre algorithme d'apprentissage, ainsi que de nos algorithmes d'évaluation de doses dans différentes configurations.

Mots clefs : Réseaux de neurones, interpolateur de fonctions, construction incrémentale, parallélisation, évaluation de dose, radiothérapie, Monte Carlo.

Abstract

This research is about the application of neural networks used in the external radiotherapy domain. The goal is to elaborate a new evaluating system for the radiation dose distributions in heterogeneous environments. The final objective of this work is to build a complete toolkit to evaluate the optimal treatment planning.

My first research point is about the conception of an incremental learning algorithm. The interest of my work is to combine different optimisations specialised in the function interpolation and to propose a new algorithm allowing to change the neural network architecture during the learning phase. This algorithm allows to minimise the final size of the neural network while keeping a good accuracy. The second part of my research is to parallelise the previous incremental learning algorithm. The goal of that work is to increase the speed of the learning step as well as the size of the learned dataset needed in a clinical case. For that, our incremental learning algorithm presents an original data decomposition with overlapping, together with a fault tolerance mechanism. My last research point is about a fast and accurate algorithm computing the radiation dose deposit in any heterogeneous environment. At the present time, the existing solutions used are not optimal. The fast solution are not accurate and do not give an optimal treatment planning. On the other hand, the accurate solutions are far too slow to be used in a clinical context. Our algorithm answers to this problem by bringing rapidity and accuracy. The concept is to use a neural network adequaltely learned together with a mechanism taking into account the environment changes. The advantages of this algorithm is to avoid the use of a complex physical code while keeping a good accuracy and reasonable computation times.

Keywords : Neural network, interpolation, incremental learning algorithm, parallelism, dose evaluation, radiotherapy, Monte Carlo.

Une maison d'édition scientifique
vous propose
la publication gratuite

de vos articles, de vos travaux de fin d'études, de vos mémoires de master, de vos thèses ainsi que de vos monographies scientifiques

---

Vous êtes l'auteur d'une thèse exigeante sur le plan du contenu comme de la forme et vous êtes intéressé par l'édition rémunérée de vos travaux? Alors envoyez-nous un email avec quelques informations sur vous et vos recherches à: info@editions-ue.com.

Notre service d'édition vous contactera dans les plus brefs délais.

Éditions universitaires européennes
Dudweiler Landstraße 99
66123 Sarrebruck
Allemagne
www.editions-ue.com

www.ingramcontent.com/pod-product-compliance
Lightning Source LLC
La Vergne TN
LVHW042340060326
832902LV00006B/293